Behnisch & Partner

Herausgegeben von
Johann-Karl Schmidt und Ursula Zeller;
mit Beiträgen von
Dieter Bartetzko
Luigi Biscogli
Peter Blundell Jones
Dominique Gauzin-Müller
Günther Grzimek
Wolfgang Pehnt
Julius Posener
Jörg Schlaich
Johann-Karl Schmidt und
Klaus-Dieter Weiß

Galerie der Stadt Stuttgart

Behnisch & Partner   Bauten 1952–1992

Dank

Für die Förderung des Kataloges und der Ausstellung danken wir den Firmen, die mit dem Büro Behnisch & Partner an verschiedenen Projekten zusammengearbeitet haben; die Numerierung folgt dem Verzeichnis der Bauten und Projekte:

Bundesverband der Deutschen Zementindustrie e.V., Köln

Eternit AG, Berlin beteiligt an 4, 5, 6, 7, 9, 10, 11, 12, 17, 18, 19, 20, 21, 22, 23, 25, 27, 28, 32, 33, 35, 37, 38, 41, 42, 43, 52, 60, 64, 70, 89

Landesgirokasse Stuttgart

Firma Metallbau App, Leutkirch beteiligt an 83, 85, 86

Wilhelm Nusser GmbH & Co., Winnenden beteiligt an 32, 37, 44, 54, 60, 63, 64, 70, 71, 73, 75, 76, 78, 89

TST Textile Sonnenschutztechnik Gehrung, Pliezhausen beteiligt an 2, 6, 8, 10, 11, 15, 18, 20, 22, 23, 26, 27, 28, 30, 31, 32, 34, 37, 40, 41, 43, 44, 49, 50, 53, 56, 57, 58, 59, 60, 62, 63, 64, 66, 67, 69, 70, 71, 75, 77, 78, 82, 83, 86, 87, 89, 93, 94, 95

Firma Jakob Thalheimer, Stuttgart beteiligt an 44, 70, 76, 91

VEGLA Vereinigte Glaswerke GmbH, Aachen beteiligt an 48 und 50 mit SEKURIT Einscheiben-Sicherheitsglas für Türen und Innenverglasung, an 93 mit CONTRACRIME A, B, C – Sicherheitsverglasung als CLIMAPLUS N-Wärmedämmglas, CONTRAFLAM F 30 Brandschutzglas, THERMOVIT heizbares Verbund-Sicherheitsglas, TRANSRADIAL gebogene Verglasung, CONTRASPLIT Verbund-Sicherheitsglas

VS Vereinigte Spezialmöbelfabriken GmbH & Co., Tauberbischofsheim beteiligt an 85

Für Leihgaben danken wir:

Architekturmuseum, Technische Universität, München

Ingrid und Fritz Auer, Stuttgart

Deutsche Messe AG, Hannover

Deutsches Architektur-Museum, Frankfurt a. M.

Harry Ludszuweit, Donaueschingen

Dieter Müller, Firma Röhm, Darmstadt

Münchener Olympiapark GmbH, München

Prof. Dr. Ing. Jörg Schlaich, Universität Stuttgart, Institut für Tragwerksentwurf und -konstruktion

Sonderkonstruktionen und Leichtbau GmbH, Leinfelden-Oberaichen

Carlo Weber, Stuttgart

Universität Stuttgart, Institut für Leichte Flächentragwerke

Inhalt

Günter Behnisch – einen Babelgedanken in der Seele zeugen

Ziehen wir unsere Antwort auf die Frage, inwiefern Architekturausstellungen ein Kunstmuseum beschäftigen sollen, auf die einfachste und zugleich umfassende Formulierung zurück, so finden wir sie in dem lexikalischen Wort ›Baukunst‹ für Architektur. Bauen in seiner ambitionierten Verfassung als Architektur ist Gegenstand kunsthistorischer Betrachtung immer gewesen. Wenn auch der materialgebundene Anteil an Architektur unablösbar ist und konstruktiver Realsinn vordergründig das theoretische Fachverständnis des Baumeisters ausfüllen kann, so kehrt ihr Begriff doch zurück unter das Dach der Geschichtswissenschaften, sobald der historische den Nutzwert von Bauten erreicht oder übertrifft. Unter den vielen gebauten die stilbildenden Bauten und ihre Urheber zu beurteilen, um auf ihre künstlerischen Qualitäten hinzuweisen, obliegt dem den ästhetischen Gegenwartsdiskurs mitbestreitenden Kunstmuseum.

Zu keiner Zeit ist soviel gebaut worden wie heute, so daß zu erwarten stehen Sternstunden der Architektur an schöpferischer Fülle, Zweckdifferenzierung, Fruchtbarkeit des theoretischen Gespräches an Akademien und in der Öffentlichkeit. Der Zufluß an Geldmitteln, Aufgaben und ausgebildeten Menschen erschließt der Kunstgattung Architektur die besten Voraussetzungen. Die Galerie der Stadt Stuttgart ist den vermuteten architektonischen Sonderleistungen unserer Gegenwart schon mehrfach nachgegangen und hat in Ausstellungen wie der von Leon Krier oder Hans Dieter Schaal geprüft, wo heute herausragende Architekten am Werk sind, Baukünstler, die nicht nur quantitativem Bedarf musterhaft genügen, sondern deren Motive authentisch aus dem Denken in die gebaute Gestalt einfließen. Die Städtische Galerie zeigt deshalb als weiterer Beitrag zum wachsenden Interesse an der Architekturdebatte alle bisherigen Arbeiten des Stuttgarter Büros Behnisch & Partner seit 1952 in einer Ausstellung, die sowohl Retrospektive ist, als auch in einem Schnitt die Arbeitsweise des Architekten und seines Büros offenlegt.

Günter Behnisch hat mit seinem Werk und mit seinen kritischen Überzeugungen von Architektur und Städtebau bereits außerordentliches Interesse in vielen Ländern auf sich gezogen, so daß er heute als der namhafteste deutsche Architekt gelten kann. Beispiele der meisten in der Gegenwart vorkommenden Bauaufgaben tragen seine Signatur als mustergültige oder diskutable Entwürfe – Kindergärten, Schulen und Hochschulen, Sportarena, Museum, Parlament, Institutsbauten, Industriebauten, Verwaltungsbauten, Banken, Bahnstationen und Flughafen; Privates tritt kaum auf. Den übernationalen Ruf des Büros begründeten die Bauten für die Olympischen Spiele in München 1972, die, ein früheres Charakterbild ablösend, zum Synonym für ein weltoffenes und freundliches Deutschland werden sollten. Dieser programmatische Ansatz hinter der Idee des Münchner Olympiaparkes prägt bis heute, bis zum Neubau des Deutschen Bundesparlamentes in Bonn, die Arbeit des Büros, wenn es Heiterkeit und freundliche Offenheit,

menschliches Maß und menschlich-individuelle Zwecke zum Leitstern seiner Bauplanungen macht. Behnischs öffentliche Bauten entsagen jedem von Symmetrie, Geometrie und Bauikonographie ausgehenden Autoritätsanspruch. Weder fügen sie sich einer historischen Typologie, die in der Aufgabe schon einen Teil der Lösung vorgibt, noch einem festliegenden formalen Eigenrepertoire, in dem der Architekt sich handschriftlich identifizierte. Vielmehr läßt sich generell sagen, daß Behnisch mit jeder neugestellten Aufgabe das ganze Feld der technischen, formalen, funktionalen, sozialen Möglichkeiten mit frischen Augen besichtigt. Jedes Bauprojekt geht er von Grund auf nach allen seinen Bedingungen voraussetzungslos an als dessen eigenes Experiment, das sich im offenen Prozeß induktiv geführt dem Endstadium nähert. Die Baugestalt wird aus den besonderen Prämissen der einen Bauaufgabe entwickkelt, als ob sie zum ersten Male zu entdecken wäre. Weil aber alle Aufgaben sich voneinander unterscheiden, gibt es keine stereotypen Lösungen. Folglich sind statt der Wiedererkennbarkeit gerade die Überraschungen durch immer andere Erscheinungsformen der Ausweis des Architekten und seines Büros. Sein Bogen spannt sich von der ersten Verwendung industriell präfabrizierter Betonfertigteile 1959 bei der Fachhochschule in Ulm bis zur ironischen Paraphrase auf dekonstruktivistische Formverflüchtigungen beim Hysolar-Institut in Stuttgart-Vaihingen.

Behnisch verlängert mit seiner Arbeit eine Tradition der Moderne, die unter dem Druck postmoderner Kritik an ihr Ende gekommen zu sein schien. In Deutschland markierte 1977 die Stuttgarter Wettbewerbsentscheidung für James Stirlings Neubauentwurf der Staatsgalerie, hinter dem die Gedankenarbeit Leon Kriers stand, den Höhepunkt dieser den siebziger Jahren entstammenden gegenläufigen Architekturauffassung. Das Deutsche Architekturmuseum gab gleichzeitig 1977 mit seiner Eröffnungsausstellung »Die Revision der Moderne« der nachmodernen Architektur theoretischen Rückhalt und öffentliche Unterstützung. Das Büro Behnisch hat in dieser Phase der Diskussion seine unzeitgemäß scheinende Position nicht revidiert, sondern an der Entwicklungsfähigkeit der von moderner Architekturtheorie aufgestellten Grundsätze festgehalten; dies auch um den Preis ökonomischer Erfolglosigkeit, weil seine Bauten damals als altmodisch abgetan wurden. 1983 urteilte ein Preisrichter über den Wettbewerbsbeitrag des Büros zum Neubau der Deutschen Bibliothek in Frankfurt unter Anspielung auf die fünfziger Jahre Egon Eiermanns als ›Milchbararchitektur‹.

Zehn Jahre später erweist sich Stirlings Staatsgalerie als Markstein der Architekturgeschichte, dem aber die schon zugebilligte epochale Wirkung versagt bleibt; sie hat dem Lauf der Geschichte nicht die vorhergesagte neue Richtung gegeben, und Stirling selber hat sich in Melsungen korrigiert. In diesem Augenblick fällt Licht auf einen der wenigen Architekten, der aus einer in sich stimmigen geistigen Haltung heraus der postmodernen Orientierungsschwäche Eigenes entgegenzusetzen hatte. Wo die einen die Stagnation der Moderne durch – bestenfalls – Besinnung auf Vitruv und Vignola formal zu überwinden trachteten, erwartete Behnisch den Zuwachs an Gestaltungsfreiheit, indem er konsequent neue funktionale Ordnungen erprobte, die sich aus den verfügbaren materialen und konstruktiven Möglichkeiten ableiten lassen: das aus Material und Technik Machbare inspiriert vor der Instanz der Werk- und Produktionsgerechtigkeit das Wollen.

Welcher Orientierung konnte er dabei folgen? In Stuttgart war er Schüler und Assistent von Rolf Gutbrod gewesen, dessen Liederhalle für die Auffassung des organhaften Bauens in den fünfziger Jahren zum Schlüsselwerk geworden ist. Sie steht auf dem Sonderweg der deutschen Architektur seit den zwanziger Jahren, eröffnet durch Hans Scharoun, dessen Haus in der Weißenhofsiedlung von 1927, dessen Hochhäuser Romeo und Julia von 1954 und Salute von 1961 ihn in Stuttgart gegenwärtig halten. Hier war zu lernen, wie organische Ganzheit in expressiver Sprache sich zugunsten des Inhalts über den Primat der rational bestimmten Form erhebt; der Architekt als Interpret baulicher Forderungen ist sich der politischen Dimension von Architektur bewußt: sie bezieht sich homozentrisch auf die physischen, psychischen, sozialen und kulturellen Anrechte von Individuen. Gegenbild dazu wäre die unverbindliche Flexibilität von Mies van der Rohes rationalem Formalismus oder der auf regelmäßige Ponderierung gerichtete Ordnungsschematismus eines Oswald Mathias Ungers. Schließlich ist auch auf die spürbare Gegenwart anthroposophischer Neigungen im gründlichen Stuttgart hinzuweisen, die Behnisch vielleicht nicht zufällig in dieser Stadt arbeiten lassen. Wie Rudolf Steiner gegen die Tödlichkeit des abstrakten sinnstiftend die schöpferischen Kräfte des geistigen Prinzips stellt und Zahlenwahn durch Poesie ersetzen will, so sieht auch Behnisch den Heilungsbedarf der Welt im wissenschaftlichen und politischen Funktionalismus begründet. Ablesbar wird dies in seiner die Landschaft versöhnlich schonenden Architektur; und wo wäre Architektur mehr auf Landschaft bezogen als im umhügelten Stuttgart. Während Mies van der Rohe Technik über Natur, und das heißt, über den Menschen siegen läßt, wendet Behnisch das Gesetz des Organischen auch auf Planung und Erscheinung des Bauwerks an. Nicht Wissenschaft noch Geschichte, die Natur ist das Reich des Ursprungs. Fremd betritt der Architekt einen ihm anvertrauten Ort, den er verändert zurücklassen wird; bevor er die eigene Setzung vornimmt, muß er dessen Natur erkennen, um die Schöpfung nicht da zu verletzen, wo er sie bereichern will.

Was ist neu, was ist zumindest anders an Behnischs Bauten – was verbindet sie untereinander und unterscheidet sie vom Normalmaß bautechnischer Routine? Als neu geben sie sich erstem Blick selten zu erkennen, weil sie Neues nicht um seiner selbst willen nach außen wenden. Neu zu sein ist in Behnischs Augen keine Qualität, allein schon, weil alles Neue veraltet. Mithin: Qualität und Appell seiner Bauten gewinnen ihre Signale weniger durch den Augenschein gestalteter Bauformen als aus der alles zusammenschließenden Forderung nach sachgerechter Lösung. Um sie aufzufassen, genügt es deshalb nicht, wie ein Photograph die wirkungsvolle Perspektive für reproduzierbare Bilder zu finden; vielmehr entfaltet sich ihr Qualitätsbeweis, wenn sie im weitesten Sinne brauchbar und ihren Benutzern angenehm sind. Sach-Gerechtigkeit ist für Behnisch ein Grundbegriff seiner Architekturauslegung; ihm zufolge zeichnet es einen Bau aus, allen Bedürfnissen menschlichen Gebrauches so richtig wie möglich entgegenzukommen. Vor diesem Anspruch wird die Suche nach vollkommener Gestaltung obsolet. Gegen die aus antiker Tradition arbeitende südeuropäische Auffassung von Idealarchitektur stellt Behnisch den Wert des bürgerlichen Wohnens und Arbeitens, der Lebensumgebung, wie ihn die Sozialethik im industrialisierten Nordeuropa, John Ruskin und die Architekten Charles Francis Annesley Voysey und Hermann Muthesius entwarfen. Statt des Ideals zeitloser Universalität leitet ihn das einer sozial fundierten Leistungsfähigkeit für gebaute Räume in der Demokratie, nach deren Grundsätzen er seine Arbeit rechtfertigt. Mit diesem Stichwort wird seine ideologische Gegenposition sowohl zum Gigantismus der osteuropäischen Staatsarchitektur als auch zur sozialabgewandten Härte der französischen Repräsentationsidolatrie pointiert. Sie machte ihn zu einer Leitfigur für die wiedergefundenen Ziele einer sich als dezidiert zeitgenössisch und, zumal nach dem flüchtigen Oberflächenglanz der ›Postmoderne‹ in ihrer modischen Form als urbanistische Unterhaltungsanstalt, glaubwürdig verstehenden Architektur. Denn hinter speziös dekorierten Repräsentationsfassaden regiert utilitaristischer Nutzungsanspruch jede Bauaufgabe. Behnisch entwirft seinen Bauten keine Fassaden als wirkungsvolle Schauseite; es versteht sich, daß sie, deren Innen und Außen in einem sich gegenseitig sinnvoll begründenden stofflichen Wechselverhältnis stehen, keiner formalen Fassadengestaltung aus ästhetisch selbständigen Gliederungselementen mehr bedürfen.

Sobald er deshalb während der Planung erkennt, daß formbestimmende Ideen sich vorherrschend über die Aufgabe legen wollen, zerstört er sich Verfestigendes, elementarisiert er Ordnungen, um aus Gestaltverzicht Lebensnähe zu gewinnen: wie ein Bau endlich aussieht, ist sekundär, wenn er nur den vorgesehenen Zwecken sich fügt. Als Funktion seiner Zwecke ist die Ästhetik des Baues immer Teil von dessen Gesamtqualität, so daß es zu einem Urteil ›schön, aber unzweckmäßig‹ nicht kommen kann. Ein Satz von Henry van de Velde trifft diese Haltung: »Man könnte den Grundgedanken der Schönheit der notwendigen Formen, wenn man ihn in ganz alltäglicher Weise aussprechen will, dahin zusammenfassen, daß ein Gegenstand, eine Sache schön sind, wenn sie so sind, wie sie sein sollten, so wie sie jemand, der sich zum erstermal über ihre Nützlichkeit und die Leistung, die man von ihnen erwartet, befragt, ohne weitere Hintergedanken entworfen haben würde.« Die Schönheit von Behnischs Bauten liegt nun im Widerschein ihrer nach vorn, nach außen gewendeten inneren Zweckförmigkeit, wobei deren Maximen nicht aus ökonomischer Funktionalität (allein) gewonnen werden, sondern das ganze Feld von ökologischer Sparsamkeit mit Material und Energie (›Natur verachtet das Unnötige‹), bündigen technischen Lösungen, Ergonomie und Wohlbefinden, Respekt vor Bewahrenswertem mit einschließen. Insofern er Architektur wie jede andere Einrichtung der praktischen Lebensumstände für eine Sache der Vernunft hält, läuft sie für ihn auf einen strikt angewandten Realismus hinaus, in dem das Wirkliche als das Vernünftige und das Vernünftige als das Verwirklichte erscheint.

Behnischs idealfeindlicher Architekturbegriff ist, seiner Generation entsprechend, durch die negative Erfahrung der nationalsozialistischen Kunstauffassung bestimmt. Die Dienstbarkeit des Kunstschönen im Dritten Reich gegenüber vorrangigen politischen Zielen macht ihn mißtrauisch, wenn über die Art eines Entwurfes absichtlich oder absichtslos kritische Reflexion unterbleibt. Das Anschauliche als veräußerlichter schöner Schein kann Verführung sein, Realität verdrängend statt sie verändernd oder sie verbessernd. Denn verändern, ja auch verbessern, nicht nur widerspiegeln oder sogar verschleiern soll der Architekt die gesellschaftliche Wirklichkeit. Behnisch leugnet dabei nicht das Bedürfnis nach Schönheit, Unterhaltung, Identifikation: Wirklichkeit in ihrer nackten Tatsächlichkeit – in Stilkategorien gesprochen als Naturalismus – bliebe auch ihm unansehnlich. Aber sein Gebäude darf der demokratischen Herrschaftslosigkeit nicht als harte Antithese gegenüberstehen, sondern es muß, den eigenen Zweck immer als sozialen verstanden, Teil einer künstlerisch präfigurierten erreichbaren menschlichen Ordnung sein – so daß der Kindergarten das Leben der Spielkinder spiegelt und ermöglicht; das Parlamentsgebäude die Arbeit der Volksrepräsentanten spiegelt und ermöglicht. Die kanonischen Ordnungen der klassischen Architektur einerseits, die Disziplin der geometrischen Abstraktion anderseits versteht er als Sieg inhumaner Einheitsvorstellungen über die naturgemäße Ordnungslosigkeit des Lebendigen und Zufälligen – Adorno folgend, dem zufolge es Aufgabe der Kunst sei, Chaos in die Ordnung zu bringen. Setzt Architektur gar uneingeschränkt auf einen deduzierten Ordnungsbegriff, wird sie totalitär. Dagegen stemmt Behnisch sich mit allen Mitteln: Ein Entwurf aus seinem Büro, dessen Prinzip sich zur Regel kondensieren ließe, ist für ihn in sein schöpferisches Endstadium getreten und wird beiseite gelegt. Gesetz, Norm, selbsttätigen Ablauf als wiederkehrenden Generalnenner seiner Produktion darf es nicht geben. Statt dessen ist, was von vielen Seiten her einfließt, experimentell so zur Collage zu arrangieren, bis die beste Lösung überzeugt; der aber dann auch immer das Non finito, die skizzenhafte Offenheit, bis zuletzt anzusehen bleibt. Nie hat er deshalb versucht, eine Lehre zu begründen, eine Schule zu bilden, da er nicht zu wissen behauptet, wie etwas gemacht wird, denn jede neue Aufgabe beginne als Experiment mit einem neuen gedanklichen Entwurf.

Folgerichtig wartet unsere Ausstellung nicht auf mit jener dem Ruhm der Nachwelt vorauseilenden schöngeschriebenen Gattung ausstellungsgerechter Zeichnungen, illuminierter Wettbewerbsillustrationen oder Simulationsmodelle – sie gehen aus diesem Büro nicht hervor. Sondern sie ruft die unersetzbare Besonderheit der Büroorganisation auf, aus der Behnischs Architektur entsteht. Ihr wenig aufwendiger Charakter trifft deren gewollt improvisierende Offenheit als diskursives Reißbrett. Wie im Büro zeigt sie Tische mit werdenden Arbeitsvorgängen – Stadien der Aufgabenbearbeitung in ständiger Veränderung, Vervollkommnung bis sie auf eine Lösung zuläuft, deren Endzustand keinesfalls von vornherein feststeht, ja die prinzipiell zwar an einem Punkte endet, aber nie zu Ende und deren Resultat im Sinn des Endgültigen unvollendet ist. Denn Behnischs Architektur entspringt nicht als Vision und Charakter dem Kopf des Meisters, um dann in den festgelegten Umrissen ausgefüllt und nachgearbeitet zu werden. Ihr anschauliches Modell liegt weder von vornherein fest noch trägt es bestimmte personale Erkennungszeichen, wie bei Andrea Palladio oder Oswald Mathias Ungers: das Genie ist für Behnisch ein Typus der Renaissance, den wir nur dehalb bewundern können, weil er fürs Heute bedeutungslos geworden ist; Stilprägung als Nötigung steht quer zur Freiheit lebendiger Entwicklung. Vielmehr entstehen die komplexen Leistungen der Gegenwart als wachsende Beiträge gebündelter, gleichzeitig und gleichberechtigt arbeitender Kompetenzen unter einem Projektführer. Diese Arbeitsstruktur, nach der allein Wissenschaft und Produktion, Demokratie und Macht noch effizient sein können, gilt auch für architektonische Großprojekte: Bearbeiter treten im Büro projektbezogen zusammen, um ein gemeinsames Grundverständnis der Aufgabe zu suchen, das auch den Bauherrn und alle am Bau Beteiligten mit einbezieht. Aus den gemeinsamen Überlegungen entwickelt sich das Werk im Prüfen, Billigen oder Verwerfen täglich gemachter Gedankenfortschritte als work in progress zur Gemeinschaftsleistung seiner Mitarbeiter und aus seinen Teilen zum Ganzen. Wie Netze werden immer neue Lösungsvorschläge über das schon Bestehende geworfen, so daß eine Entwurfsarbeit niemals fertig, gültig ist und es folglich zum repräsentativen Modell, zur Reinzeichnung letzter Hand nicht kommt. Das ausgestellte Material spiegelt diese Arbeitsmethode. Leicht ist erkennbar, daß sie die zeitgemäße Erfolgsvoraussetzung aller Großprojekte ist; wo Hans Hollein bis zur Türklinke autoritativ-selbstverfügend sich hoffnungslos aufreibt, erlaubt sie Innovation und Sachgerechtigkeit bei jedem neuen Einzelprojekt. So erklärt sich, daß die Bauten des Büros wenig Familienähnlichkeit, aber alle die gleiche Gesinnung aufweisen, wobei jeder den Vorgänger, an dessen

Erfahrungen gereift, überschreitet. Obwohl bis heute mehr als 400 Mitarbeiter durch das Büro gingen, bleibt nie ein Zweifel am geistigen Ursprung seiner Ergebnisse, da es Günter Behnisch ist, der deren Vorbedingung, die gedankliche Problemlösung, anstößt und nährt.

Die Ausstellung verzichtet weiters auf das Photo, vor allem auf das Farbphoto, weil es in seinem tonigen Reichtum eine eigene Interpretation des Objektes und sich unabhängig von demselben zu halten sucht. Photographisches Streben nach eigener sinnlicher Wirklichkeit zusammen mit der Redundanz photographischer Information soll den Ausstellungsbesucher nicht entlasten, die ausgestellten Bauten der Wirklichkeit nach am besonderen Ort selbst anzuschauen und zu beurteilen. Deshalb haben wir die Photographie ersetzt durch deren eigene Photokopie, die unterdrückt, was fremde Wirklichkeit ist. So erläutert die Ausstellung Standpunkt und Methode des Architekten und öffnet damit den Verständnisweg zu seinen Bauten, um ein Wegweiser zu diesen selbst zu sein. Sie besteht als gedachter Mittelpunkt einer imaginären Freilichtausstellung aller Bauten darauf, ihre Darstellung an der Realität zu überprüfen. Katalog und Präsentation sind so nichts anderes als der Ausgangspunkt einer Exkursion zu all den Orten, die Behnisch hergestellt hat.

Prima idea und Leitentwurf für die Ausstellung und ihren Katalog entstanden in Gesprächen und auf Architekturreisen mit Giselher Hartung. Günter Behnisch hat unsere Pläne wohlwollend aufgenommen, lächelnd gebilligt und im Sinne seiner Arbeit korrigiert. Unsere Unternehmung kam mit Hilfe vieler der Aufgabe verbundener Mitarbeiter zustande, die der Katalog nennt und denen ich danke. Christian Kandzia brachte die Materialkompetenz des Büros ein, in dessen schöpferischem Chaos die Sedimente der Jahrzehnte dem Außenstehenden nicht ohne weiteres sich erschließen. Ursula Zeller hielt die Fäden des Gesamtprojektes in der Hand. Andreas Uebele und Peter Jertschewske faßten das Material unter Ordnungsgesichtspunkten zusammen und gliederten es für Präsentation und Katalog. Jutta Kraft warb erfolgreich für das Vorhaben bei unseren Sponsoren und weckte das Interesse der anderen beteiligten Institute. Gerd Hatje schließlich widmete seine ganze Erfahrung und einen großen Teil seiner Liebe dem Katalogbuch, dessen Schönheit sich ihm verdankt. Die Ausstellung erscheint 1992 zum 70. Geburtstag von Günter Behnisch und ist doch nicht anlaßbezogen gemeint; ein Architekt, der sein Werk wie er betreibt, braucht keine Fixpunkte der Erinnerung in der Zeit. Vielmehr dient sie dem öffentlichen Interesse an seiner Architektur, die mehr und mehr als beispielhaft und richtungsweisend befunden wird, und die schon heute einen Schlüsselrang für die Auffassung unseres Jahrzehnts besitzt.

Günter Behnisch wird mit dem Hans-Molfenter-Preis 1993 für herausragende künstlerische Verdienste der Stadt Stuttgart ausgezeichnet, weil sein Bauen vor dem Hintergrund der zeitgenössischen Kunst entsteht, deren Strategien es teilt und deren prägnantes Beispiel für die Kunstgattung der Architektur es selber ist.

1

Dieter Bartetzko

»Wie reisefertig«
Anmerkungen zur architektonischen Gestalt der Bauten Günter Behnischs

2

I. »Wer die Vergangenheit leugnet, steht in der Gefahr, sie zu wiederholen«. Obwohl wenig beachtet, schwebte diese einleitende Bemerkung Rita Süssmuths gleich einem Damoklesschwert über den Debatten eines Kolloquiums, das die Bundestagspräsidentin am 14. Februar 1992 nach Berlin einberufen hatte. Es ging um die künftige Gestalt des historischen Reichstagsgebäudes samt der neuen Regierungsbauten, die es umgeben sollen. Ein kontroverser leidenschaftlicher Dialog bot hierbei das paradigmatische Beispiel, daß und wie Architektur und Architekten auf ihre jeweilige Weise bedeutsame Protagonisten in diesem von Rita Süssmuth angedeuteten grundsätzlichen Spannungsverhältnis sind. Die Kontrahenten: Gottfried Böhm und Günter Behnisch. Beider Kontroverse entzündete sich an der Frage, wie das von Paul Baumgarten als gigantischer Torso wiederaufgebaute Reichstagsgebäude umzugestalten sei. Gottfried Böhm (ein diesbezüglicher Böhmscher Entwurf existiert bekanntlich bereits) plädierte für einen modifizierten, das heißt größer dimensionierten Wiederaufbau der von Baumgarten 1957 beseitigten, 1933 und 1945 schwer beschädigten Kuppel (Abb. 2). In ihr, so Böhms beeindruckende Vision, solle künftig das Parlament tagen. Und dies beileibe nicht in einer kleinmütigen Rekonstruktion, sondern in einer sichtlich neuen, einer gleichsam triumphal schwerelosen gläsernen Krone der Demokratie. Einer wiederum, so muß angemerkt werden, die, bei aller sichtlichen Neuheit, dennoch unweigerlich als Zitat der historischen Kuppel und damit als Rückkehr zur ursprünglichen Gestalt des traditionsreichen Gebäudes wahrgenommen würde.
Günter Behnisch dagegen charakterisierte den Reichstag als ein Fossil, »überhebend, anmaßend, scheußlich«. Er schlug vor, dem in seinen Augen autoritären Gebaren des Bauwerks durch collagehaftes Gestalten zu begegnen. Wie auf gesellschaftlichem Gebiet so auch in der Architektur gilt es, aus der Sicht Günter Behnischs, »keinesfalls die alten Ordnungen wiederherzustellen«. Keine wagnerianisch-wilhelminische Oper, sondern ein quasi improvisiertes architektonisches »Fest der Demokratie«[1] – das ist es, wofür sich Behnisch einsetzte.
Ist dies nun der Beweis dafür, daß er für eine Architektur (ein)steht, die, indem sie in der Collage auch die Erinnerung an die selbstverschuldete Zerstörung wachhält, sich der Vergangenheit stellt? So wie umgekehrt der

Böhmsche Entwurf einer wäre, der sie leugnet, weil er (fast) narbenlos heilt, wo heute noch in Gestalt der fehlenden Kuppel eine Wunde klafft?
Die Dinge liegen komplizierter. Beide Standpunkte weisen bei näherer Betrachtung ein Janusgesicht auf. Niemand könnte Gottfried Böhm ernsthaft den Vorwurf machen, seine Architekturen trügen restaurative Züge. Das überzeugende Gegenbeispiel steht mit dem erneuerten Schloß in Saarbrücken vor aller Augen, wo Böhm in Gestalt des neuen glas-stählernen Mittelrisalits die historische Fehlstelle des Rokoko-Baues zwar geschlossen, aber zugleich offengehalten hat; nicht wenige widersprachen zunächst diesem scharfen, die einstmalige Zerstörung tradierenden Kontrast. Umgekehrt trägt die Emphase, mit der Günter Behnisch wider den wilhelminischen Pomp des Reichstags anging, auch Züge eines heftigen Ressentiments, worin die Grenzen zum Leugnen des Vergangenen zumindest fließend scheinen. Oder anders: Günter Behnisch leugnet die im Reichstagstorso manifestierte Vergangenheit nicht, sondern will sie im Gegenteil deutlich herauspräpariert sehen. Aber er attackiert sie auch. Die architektonische Collage, die ihm sowohl für den historischen Bau wie auch für die umgebenden Neubauten vorschwebt, kann aus dieser Perspektive als eine gedeutet werden, die nicht zusammenfügt, sondern zertrümmert, rebellisch zurückweist (symbolisch ungeschehen machen will?), was die Generationen vor uns dort betrieben und verschuldeten. So, wie Böhms Auffassungen, obwohl sie nicht kaschieren wollen, in der Gefahr stehen, als symbolische wie reale Wiedergutmachung im buchstäblichen Wortsinn (miß)verstanden zu werden, scheint mir Behnischs Ideal insofern gefährdet, als sein Aufbegehren gegen überkommene (nicht nur) architektonische Ordnungsprinzipien umschlagen könnte in den Zwang zur antiautoritären Improvisation, in eine Ideologie des demokratisch-provisorischen Liberalismus, die, entgegen dem eigenen Wollen, apodiktisch nichts anderes zulassen kann und will und somit die Vergangenheit, die sie nicht leugnen will, architektonisch und sozial als quasi stumme Geisel zur Schau stellt.

II. Collagierendes oder vereinheitlichendes Gestalten, Improvisation oder Vollendung, sorgsame Ordnung oder legere Zwanglosigkeit – die beiden antithetischen Grundhaltungen der Berliner Debatte wiederholten auf ihre Weise ein Gegensatzpaar, das letztlich so alt ist wie die Moderne selbst. Extern als das Wechselspiel zwischen modernem und traditionellem Bauen in den kontroversen Abfolgen von Klassizismus, Historismus, Moderne und Postmoderne erkennbar, zeichnet sich intern dieses grundsätzliche Gegeneinander in den periodischen Kontroversen zum Beispiel zwischen Expressionismus und Funktionalismus, Bauhaus und Heimatschutz, bis hin zum postmodernen Neohistorismus und aktuellen Dekonstruktivismus unserer Tage ab.
Die Gegensätze sind beileibe nicht auf architekturtheoretische oder bauästhetische beschränkt. Ihr Wesens-

3

4

kern gründet, wie die jüngere Geschichte zeigt, in den Widersprüchen der kollektiven Psyche, in den jeweiligen mentalen Befindlichkeiten gesellschaftlicher Formationen und deren Lebensumstände. Als antithetische Grundhaltungen und Erwartungen, pendelnd zwischen Erstarrung und Bewegung, Tradition und Innovation, zwischen Verschlossen- und Offensein, gewinnen sie in Bauten und Baurichtungen lediglich Gestalt. Diese also geben, getreu dem jeweiligen Stand der Dinge, kollektiven psychischen Konflikten und Krisen ebenso Ausdruck wie – gegebenenfalls – Perioden der Ausgeglichenheit und des Vertrauens.

Der improvisierten Architektur fällt hierbei auffallend oft die Rolle des Störenfrieds und selten die des Friedensstifters zu: »Wenn der Wohntypus dem Menschentypus entsprechen soll, so kann man sich als Bewohner dieser Häuser eigentlich nur eine bestimmte Art von Intellektuellen denken, jene Sonderlinge, welche unbeschwert von ›historischem Ballast‹ unsentimental, freizügig und heimatlos, von allen Bindungen sich lösend, solch ein Nomadenzelt aus Beton und Stahl vielleicht bewohnen möchten.«[2] So urteilte 1926 Werner Hegemann über die Bauten der Stuttgarter Weißenhofsiedlung, mit denen die Elite der architektonischen Moderne ihr Leistungsvermögen unter Beweis zu stellen suchte. Was Hegemann aus dezidiert konservativer Sicht monierte, bestätigte der – aller rückwärtsgewandten Ideale unverdächtige – Ernst Bloch wenig später. Er beschrieb die Bauwelt der Moderne (zu) pauschal als eine unstete und zur dringend notwendigen Geborgenheit unfähige: »Heute sehen die Häuser vielerorts wie reisefertig drein... Im Inneren sind sie hell und kahl wie Krankenzimmer, im Äußeren wirken sie wie Schachteln auf bewegbaren Stangen.«[3]

Die Tragödie dieses »reisefertigen«, Improvisation und Elastizität ausstrahlenden Bauens (die bekanntlich im grausigen vorläufigen Sieg der (Schein-)Geborgenheit schenkenden, demonstrativ unbeweglichen NS-Architektur endete) basierte auf einem so bewundernswerten wie verhängnisvollen Mißverständnis: Die da bauten, glaubten für eine neue, bereits existierende Gesellschaft

selbstsicherer, liberaler und fortschrittsfreudiger Menschen zu bauen. Oder sie hofften, diese mittels ihrer Baukunst befördern zu können. Diejenigen aber, für die gebaut wurde, gierten geradezu nach baulichen Synonymen der Beständigkeit, nach einer Architektur, die als Bauwelt jene Sicherheit und Geborgenheit schenken sollte, die die reale Welt vorenthielt. Freizügigkeit, Freiheit und Aufbruchsstimmung, wie sie sich in den modernen Architekturen verwirklichte, versetzte dem Gros der von Unsicherheiten (der neuen Republik, ihrer politischen, sozialen und ökonomischen Krisen) geplagten Deutschen offenkundig unerträgliche Schocks.

Was das Beispiel Weißenhofsiedlung im Extremfall zeigt, gilt in abgeschwächter Form für unser gesamtes Jahrhundert: Wer reisefertige, wer bewegliche, improvisatorische Architektur baut, beziehungsweise baute, riskierte und riskiert fortwährend, im übertragenen wie buchstäblichen Sinne, nicht anzukommen. Für Europa und insbesondere für Deutschland gilt, daß unser Jahrhundert und seine mehr als erschütternden permanenten Umwälzungen eine kollektive Psyche hervorgebracht haben, die in der Bauwelt vorrangig Sicherheit sucht, während sie allem Improvisierten, allen architektonischen Anzeichen von Unstetigkeit und Veränderung instinktiv und zutiefst mißtraut. Nur gelegentlich, so scheint es, lassen Phasen relativer Sicherheit den Luxus einer beweglichen, gleichsam grenzenlosen und unsteten Architektur zu.

Von Beginn an hat Günter Behnisch gegen dieses Mißtrauen gebaut. Die Konsequenz, mit der er seine Architektur den Prinzipien der (scheinbaren) Improvisation, der Ungezwungenheit und Leichtigkeit unterstellte, ist anerkannt und gewürdigt worden. Und doch trägt diese Anerkennung (auch) das kaum merkliche Siegel jener eben beschriebenen kollektiven Abwehr: Nicht von ungefähr, so scheint mir, konzentriert sich bis heute Günter Behnischs Ruhm im allgemein bekannten Wort von München als der Olympia-Stadt der ›heiteren Spiele‹. Wo, wenn nicht am Ort der internationalen Begegnungen auf Zeit, wo, wenn nicht an diesem modernen Treffpunkt der neuzeitlichen ›Nomaden‹ des

Dieter Bartetzko

Sports hätten Behnischs Zeltdachkonstruktionen die Zustimmung der Majorität derart ungeteilt und vorbehaltlos finden können?

Legitimiert von der Spezifik der Aufgabe, zusätzlich begünstigt vom damaligen Bestreben der Veranstalter, das festgefügte internationale Bild vom steifen, bierernsten Deutschen ein wenig aufzuhellen, vor allem aber dem unvergessenen (vor allem auch architektonischen) Pathos der von den Nazis mißbrauchten Berliner Olympiade nun die Ungezwungenheit eines neuen Westdeutschland gegenüberstellen zu können, gelang es Günter Behnisch, bauliche Gestalt werden zu lassen, wovon so viele Architekten der klassischen Moderne geträumt hatten — Bauwerke, die sich geschmeidig den vorgegebenen Bedingungen und den Bedürfnissen der Benutzer anzupassen verstanden; temporäre, wie beiläufig entstandene Konstrukte im Dienste des modernen Menschen, der souverän über die bautechnischen Möglichkeiten verfügt(e) und frei von sentimentalen oder ängstlichen Blicken ins Gestern der eigenen Gegenwart Ausdruck verlieh (Abb. 1).

Vielleicht, daß die allgemeine Aufbruchsstimmung jener Jahre, die neue Gelassenheit und das Mündigwerden der bundesdeutschen Gesellschaft in der Nachfolge der rebellischen Phase rund um das Jahr 1968 zu dieser so unbeschwerten und aufbruchsbereiten Münchener Architektur beitrugen. Dennoch dürfte es kein Zufall sein, daß zuvor wie später das Gros der Bauten Behnischs in vergleichbaren Durchgangsarchitekturen bestand. Schulen, Studienzentren, Sporthallen, öffentliche Plätze — zuletzt Regierungsbauten in Bonn (Abb. 3) — also Bauwerke zeitweiliger Nutzung sind es, an denen die Majorität Behnischs Zeichen fortwährender Veränderung und Bewegung akzeptiert respektive erträgt.

Die Sprache dieser Bauten bestätigt, was die eingangs zitierten, der Hitze der Debatte entsprungenen Formulierungen Günter Behnischs scharf hervortreten ließen: Er ist ein konsequenter, gegebenenfalls radikaler Verfechter seiner, der klassischen Moderne entsprungenen (Bau-)Ideale. Daß diese wiederum nie ganz frei von missionarischer Strenge sind, ihnen zuweilen der Despotismus einer Utopie innewohnen kann, die unwillentlich und unwissentlich Menschen zu ihrem Glück zwingen will, dürften die vorangegangenen Erläuterungen deutlich gemacht haben.

Indessen deutet sich in einem aktuellen vielgerühmten Bauwerk Behnischs eine imponierende Korrektur der beschriebenen Striktheit an. Im Frankfurter Postmuseum (Abb. 4) nämlich. Ausgerechnet hier, wo per se architektonische Chiffren der Beweglichkeit, des Beförderns, der Technologie, der Reise und Übermittlung am Platze sind, hier, wo im Zeichen von ›Telekom‹ sich baulich alles um die Aufhebung von Zeit und Raum dreht, fand Günter Behnisch zu versöhnlichen Gesten des Beharrens. Selbstsicher, aber in achtungsvollem Abstand zum historistischen Ursprungsbau des Postmuseums, erhebt sich das neue Bauwerk — eine dynamische Collage aus Röhren, Rampen, Treppen, Masten,

Antennen und Leitungen, förmlich vibrierend vor Energie, wie absprungbereit in das postindustrielle Zeitalter. Und doch enthält es Verweise auf die jahrhundertealte Geschichte der Institution, läßt seine Großform momentweise auch die Erinnerung an Postkutsche und Postdampfer zu, oder erweisen werksteinerne Podien und Treppenanlagen dem herkömmlichen feierlichen Gestaltungsmodus musealer Institutionen knappe, aber eindeutige Reverenz. All dies kulminiert im eben genannten behutsamen Umgang mit dem Altbau. Sorgfältig sind dort die Fassaden, Dekorationen und Ungereimtheiten der Neorenaissance sowie eines vereinfachenden Wiederaufbaus der fünfziger Jahre erneuert. Dem Gebäude ist sein Recht auf Eigendasein und eine lange, wechselvolle Geschichte belassen. Beharrender Partner und diskreter Korrektor der Reisestimmung des Neubaus, dokumentiert der Altbau eine — für mich zumindest — neue Gelassenheit in Günter Behnischs Schaffen. Im Lichte des eingangs dargelegten Streits zwischen Beharren und Bewegen im Bauen der Moderne deutet sich hier, wenn nicht eine Versöhnung, so zumindest doch ein tragfähiger Kompromiß zwischen mentaler und architektonischer Freiheit und Gebundenheit an. Einer, der gewiß auch einem angemessenen Umbau des Berliner Reichstags zugute käme; seiner Vergangenheit und Gegenwart, seiner notwendigen Flexibilität und seiner unerläßlichen Beharrlichkeit.

Ängstliche Reisende finden bekanntlich auch an den fernsten Zielen immer wieder nur sich selbst und das ihnen Vertraute. Ihre uneingestandene Furcht vor dem Fremden wandelt das Ungewohnte zum platten Abbild des sattsam Bekannten. Nur wer neugierig und gelassen reist, nimmt wahr, was um ihn herum ist. Reise, Neugierde und nun auch Gelassenheit prägen die Bauwerke Günter Behnischs, die eine unserer Epoche angemessene Weltauffassung allegorisieren.

1 Die Zitate Günter Behnischs entstammen Notizen des Verfassers während des Berliner Kolloquiums.
2 Werner Hegemann, Stuttgarter Schildbürgerstreiche und Berliner Bauausstellung, in: Wasmuths Monatshefte für Baukunst, Jg. 12, 1928, S. 8 ff.
3 Ernst Bloch, Das Prinzip Hoffnung, Bd. 2, Frankfurt am Main 1974, S. 819

Luigi Biscogli

Das Werk Günter Behnischs

Mein direkter Kontakt mit der zeitgenössischen deutschen Architektur begann im Sommer 1964, als ich nach Köln fuhr, um Oswald Mathias Ungers kennenzulernen. Ich suchte damals in der allgemeinen zeitgenössischen und insbesondere in der deutschen Bauweise Lösungen, Spuren und Zeichen jener Moderne, die gerade in jenen Jahren in der ganzen westlichen Welt heiß diskutiert und lebhafter Kritik unterzogen wurde, die wiederum von der damals aufkommenden Architektur des klassizistischen Typs angeheizt wurde.

1981 setzte ich meine Reisen nach Deutschland fort, nach einer langen Zeit der Suche in anderen europäischen Ländern, vor allem in Großbritannien, nach den gleichen Zeichen, den Zeugen der modernen Vitalität im Gegensatz zu der um sich greifenden postmodernen Atmosphäre. In der Zwischenzeit hatte ich mich informiert und begeistert die herrlichen Zweckschöpfungen des berühmten Hans Scharoun, eines Alvar Aalto, Gottfried Böhm, aber auch eines Egon Eiermann, Friedrich Wilhelm Kraemer und Dieter Oesterlen studiert.

Meine Rückkehr in die Bundesrepublik Deutschland galt zunächst Berlin, wo die IBA in Vorbereitung war. Wiederholte Besuche in dieser Stadt, die damals so besonders, so anders war als der Rest Deutschlands, erlaubten mir die Wahrnehmung der so komplexen Wirklichkeit der gesamten Bauweise jener Zeit in Deutschland und dem übrigen Westen, die gerade in Berlin eine eigenartige, bedeutsame und zugleich dramatische Bühne zum Experimentieren fand. Berlin an sich war ein Experiment, ein klarer und aussagekräftiger Spiegel im Vergleich zwischen Moderne und Postmoderne: Ein Vergleich zwischen Architekten, die sich der Bindung an die Tradition und der Erfahrungen der Moderne bewußt waren, und solchen Architekten, die der manchmal schwachen und irreführenden Weiterverarbeitung und Entwicklung der Moderne in gewisser Weise müde waren, und vorschlugen zur Vergangenheit zurückzukehren, allerdings auf besondere, oft unentschlossene Art.

Aus dieser Ermüdung, aus dieser Unentschlossenheit entsprangen im übrigen in der ganzen Welt die im Grunde klassizistischen Gewißheiten, die sich aus dem proklamierten Scheitern der lebendigen Erfahrung der Moderne ergeben: die Gewißheiten dessen, so verstehe ich es, was landläufig die Postmoderne genannt wurde. Das Auftreten so vieler europäischer und nordamerikanischer Architekten in Berlin nach der heterogenen Erfahrung der INTERBAU in den ersten Jahren des Wiederaufbaus und ihren Vorschlägen, die der Tradition der Moderne gegenüber entschieden umstürzlerisch waren, zog meine sorgenvolle Aufmerksamkeit als Lehrer und Kritiker in einem solchen Maße auf sich und band sie, daß ich Mitte der achtziger Jahre, auch durch das Lesen kritischer Beiträge von Peter Blundell Jones in »Architectural Review«[1] und durch die Untersuchungen des gleichen Autors über die organische und expressionistische Komponente der Moderne in Deutschland, schließlich die gewaltigen Bauten des Büros Behnisch & Partner kennenlernte.

2

So begann im Jahre 1986 meine Pilgerfahrt zum Büro in der Gorch-Fock-Straße 30 in Stuttgart-Sillenbuch und die Besichtigung aller neueren Werke, die mit dem Namen und den Arbeiten von Günter Behnisch sowie seiner Partner und Mitarbeiter, verbunden sind.

Begeisterung, Leidenschaft, Interesse für diese kostbaren, authentisch modernen Bauten entstanden bei mir vorwiegend durch die gewaltige Blüte der Postmoderne, die ich in Berlin so oft durchlebt und analysiert hatte, sowie durch die in mir hervorgerufene Erregung durch die kreative Atmosphäre, in der ausländische Architekten aller Länder, zum Beispiel Alvaro Siza, Charles W. Moore, John Hejduk, Hans Hollein, Paolo Portoghesi, Aldo Rossi, aber auch ältere und jüngere Deutsche sich maßen, in der Überzeugung, daß sich die moderne Architektur schon überlebt habe.

Behnisch, oder besser seine Bauten, zeigen in der Tat einen ununterbrochenen Verlauf auf, vom wiedergefundenen Rationalismus der Zeit nach dem Zweiten Weltkrieg und von der fruchtbaren fundamentalen Kreativität eines Hans Scharoun bis zu den anschließenden Arbeiten, die sich meist in den kraftvollen organischen Expressionismus eines Hermann Fehling und Daniel Gogel übertragen und genährt wurden von den Beiträgen eines Alvar Aalto in seinen Arbeiten in Westdeutschland bis zu denen der immer üppigeren deutschen Bauweise dieser Jahre.

Gegenüber dem, was ich als autochthone Strömung bezeichnen möchte, stellt die Arbeit Behnischs eine Kontinuität dar, welche vor allem in Deutschland dem Überwiegen der Postmoderne im Wiederaufbau Berlins und in seiner gesamten Verbreitung entgegentritt und diese kompensiert. Sie wiegt die Arbeit und die Abweichungen einiger auf. Es möge genügen, auf die unerwartete Parabel des Gottfried Böhm hinzuweisen, des großen Meisters des organischen Expressionismus, der kürzlich in die postmoderne Strömung hineingezogen wurde.

3

Mir schien die Beschreibung und Aufzählung von Werken und Arbeiten, die meinen wiederholten Reisen nach Deutschland und den daraus resultierenden Eindrücken entspricht, doch notwendig, um die lebendigen grundsätzlichen Werte der Arbeit Günter Behnischs zu würdigen.[2] In der Tat sind die Werke Behnischs in Deutschland, das in den letzten Jahrzehnten von großen Architekturbauten gekennzeichnet ist, ein Symbol der Kontinuität, die von Anbeginn an ihre Stärke aus der modernen Tradition zieht, die Synthese komplexer Ereignisse ist und die die verschiedenen Komponenten der gesamten westlichen Welt in Deutschland selbst verbindet, die – vergessen wir dies nicht – die erste reife Vollständigkeit ihres Ausdrucks erreicht hat, als Walter Gropius in Dessau das programmatische Gebäude des Bauhaus entworfen und errichtet hat.

Diese Synthese ist vor allem das besondere Interesse und zugleich Kennzeichen der Arbeit Günter Behnischs. Das Moderne ist für Behnisch (und nicht nur für ihn) keine Gesamtheit von feststehenden Modellen. Es ist vielmehr eine kostbare und dauernd weiterverfolgte und durchgeführte Aufzeichnung einer Methode und die Basis für eine fortlaufende Entwicklung.

Die ersten Arbeiten (Schulen, Büros, Turnhallen), die an die Lehre Egon Eiermanns denken lassen und an die Erfahrung jener Jahre des Brutalismus, sind der nötige Beginn gewesen, um auf einem komplexen, aber auserlesenen Weg schöpferisch aktiv zu werden. Auf diesem Weg verbinden sich mit dem vorherrschenden Neorationalismus der ersten Studien und der ersten Arbeiten kreative Einfälle, geschickt verglaste Wände und vor allem räumliche Bewegungen.

Gegenüber der Fruchtbarkeit der originellen Inspiration, die aus der organischen Botschaft, aus der außergewöhnlichen Erfahrung gezogen wurde, kann man sehen, wie sehr schon in den Arbeiten Behnischs und seiner Mitarbeiter die Entwicklung im vollen Rahmen der Moderne aufscheint.

Während die Erfahrung weitergegeben wird, die die verschiedenen Architekten als Behnischs Beitrag zur Tradition des organischen Expressionismus bezeichnen,

schreitet diejenige der klugen Verarbeitung der High-Tech fort, die unter anderem eine grandiose Verwirklichung in den Bauten von Lorch, vor allem im Progymnasium findet, einem Werk von schöpferischer Autonomie und einer heiteren konsequenten Bereitschaft für weitere Einbringungen, wie jene des Dekonstruktivismus. Die Arbeiten der von Behnisch animierten und geführten Gruppe stehen also an zentraler Stelle in der europäischen zeitgenössischen Architektur durch die Fähigkeit zu Zusammenlauf und Synthese von Beiträgen und Energien, die weise verwendet, ausgewählt und mit Kritikfähigkeit im Bewußtsein eines Schaffenden der Moderne verwendet werden.

So wird die Kreativität Behnischs und seiner Partner in wechselseitiger Befruchtung im Rahmen der Hauptströmung ausgeführt, die Peter Blundell Jones organisch nennt, die ich aber lieber als organischen Expressionismus bezeichnen möchte (der den authentischen deutschen Beitrag zum Expressionismus in sich aufzunehmen scheint, indem er darin – wie es auch richtig ist – zu Beginn des zwanzigsten Jahrhunderts seine Wurzeln wiederfindet).

Ich habe schon mehrfach über die Arbeiten Günter Behnischs geschrieben und hatte Gelegenheit, das Werk in seiner Gesamtheit zu beurteilen, das Forschung und Schöpfung zugleich, kritische, präzise und bewußte Entscheidung war und ist und letztendlich Ausbildung für Scharen nachfolgender Architekten. In einem kurzen Text wie diesem kann ich mir nur das Problem der Stellung Behnischs im Rahmen der zeitgenössischen Architektur stellen, und zwar der internationalen, nicht nur der deutschen.

Die Antwort auf diese Frage ist begeisternd positiv im Sinne der Zentralität, der Fähigkeit zur Synthese, wie ich vorher sagte, im Vergleich zu einem großen Teil der modernen zeitgenössischen Architektur. Aber es gibt in den neueren Arbeiten vor allem folgendes zu betrachten: die Virtualität, die so viel architektonische Erfahrung voraussetzt, um eine Stadt und ihr Gefüge zu bilden. Das gilt ebenso für das Bundestagsgebäude in Bonn (Abb. 2, 3), das kurz vor der Fertigstellung steht, wie für die Projekte der Landesgirokasse in Stuttgart (Abb. 1) und die Zentralbank in München, die im kommenden Jahr gebaut werden wird, sowie schließlich für die Bundesbank in Frankfurt (Abb. 4), deren Projekt leider aufgegeben wurde.

Tatsächlich sind nach dem triumphalen Gelingen des Olympiaparks in München viele städtische Großprojekte unverwirklicht geblieben, abgesehen von den realisierten Bauten, auch wenn sie von relativ geringer städtischer Großzügigkeit waren, wie im Fall der Bibliothek in Eichstätt und des Postmuseums in Frankfurt (das Peter Blundell Jones verständlicherweise als authentisches Meisterwerk bezeichnet und das im Kern schöpferische Elemente enthält, welche die anschließend gebauten großen Komplexe vorwegnahmen).

Bei den unausgeführten Projekten können wir nur aus dem folgern, was die Bilder uns vermitteln. Die kräftigen

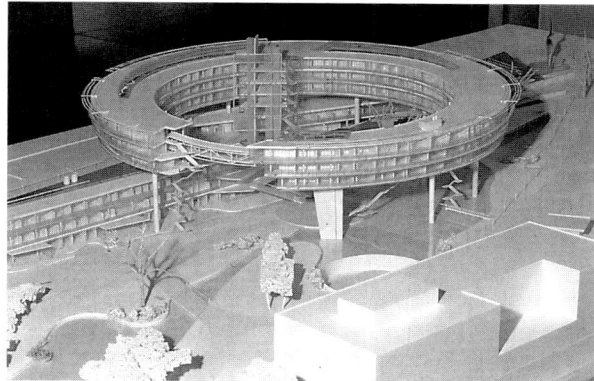

4

5

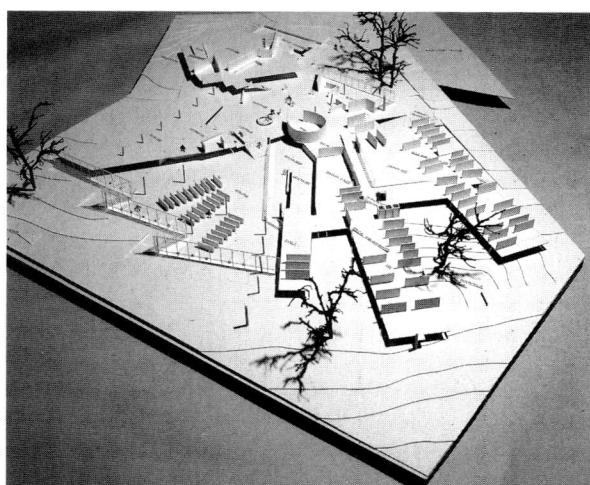

6

geometrischen Elemente, die geschickte Plazierung der
Wasserflächen, die manchmal sehr frei sind (wie in
Alzenau und besonders im Projekt für Frankfurt), ein
anderes Mal die Folge von Kreisbögen unterschiedlicher
Durchmesser, äußerst lebhaft, und – wie im Frankfurter
Projekt – ein Bündel von kreisförmigen Verbindungsroh-
ren – sie alle bilden die Basis für die neue phantastische
Art der großen von Behnisch & Partner geplanten Kom-
plexe.

Hierüber könnte man vielleicht ausführlicher zu reden
versuchen. Ich bekräftige meine Überzeugung, daß die
großen Komplexe, die, wie ich schon sagte, aus den
verschiedensten Gründen bisher nur im Entwurf stek-
kengeblieben sind, es dem Architekten unserer Jahre
gestatten würden, in einer anderen Größenordnung als
in vielen seiner berühmten Werke, zum Städtebau beizu-
tragen.

In dem begründeten Vertrauen, das aus den im Olympiapark zu München erreichten außergewöhnlichen Werten
entspringt, bin ich sicher, daß die großen Projekte von
Behnisch & Partner, wenn sie erst einmal realisiert sein
werden, die ungewöhnlichen Möglichkeiten beweisen
werden, die von der großen modernen Architektur für
den Menschen und für die Gesellschaft geboten werden.
In diesem Sinne denke ich sowohl an die vertane Chance
der Bibliothek in Frankfurt (Abb. 5), die von räumlichen
Merkmalen geprägt ist, die sich eng an jene absolut
ungewöhnlichen Kennzeichen der Bibliothek von Eichstätt (Abb. 6) anfügen, für die ich beim Versuch einer
kritischen Definition den Ausdruck »neue Organizität«[3]
verwendete, wie auch an die Anordnung des schon seit
einiger Zeit verwirklichten schwierigen Platzes am Bahnhof Stuttgart-Feuerbach, mit der Unterführung und den
Abschlüssen, die mit koaxialen Zylindern spielen: eine
geometrische Genesis, die sehr vage dem Projekt der
Büros der Bundesbank in Frankfurt analog ist, das auf
runden großen Sektoren angeordnet ist, die die Auftei-
lung der Büroräume sowohl gefällig als auch bequem
macht.

Gegenüber den Änderungen der Stockwerke, die nach
Rauminhalten leicht versetzt angelegt sind, so daß sie
einen geneigten Zylindermantel der Abschlüsse der drei
Ebenen außen bilden und zugleich die Funktion der drei

röhrenförmigen Rampen logisch und überzeugend
gestalten, sind sie geschützt und transparent auf den
verschiedenen Ebenen. Der große Kreis würde die so
vielfältige Gesamtheit kennzeichnen, durch die Verbin-
dungen mit dem schon vorhandenen Bau und durch das
Vorhandensein der nebeneinandergestellten Räume zur
äußeren Straße hin – ein Gesamtplan, der nach dem
Entwurf, Gebäude und Geländeanordnung betrifft
(andersartig, aber im gleichen Sinne wie im Olympiapark
in München, Abb. 8).

Alles in allem: eine zauberhafte, erbaute Landschaft, die
aus bestimmten Arbeiten Behnischs authentische Mei-
sterwerke werden läßt (ich denke hier an den Bau und
den Außenbezirk des Studienzentrums der Evangelischen Diakonie in Stuttgart-Birkach).

Ebenso schwierig, aber glücklicher abgeschlossen ist
der Entwurf für die Landesgirokasse in Stuttgart.
Ursprünglich ein Projekt für eine großräumige Fläche in
der Nähe anderer wichtiger Gebäude (darunter die
Liederhalle von Rolf Gutbrod) mit dem Wahrzeichen
eines hohen phantasievollen und abwechslungsreichen
Turmes. Die Stadtplanung hat Veränderungen auferlegt,
es wurde eine in der Größe bescheidenere Fläche
ausgewiesen, die für Werke mit gewisser Großzügigkeit
nicht mehr offen ist.

7 Neubau Technisches Zen-
trum der Landeszentralbank
in Bayern, München
8 Trampelpfade, Olympiapark
München

7

8

Behnisch hat die neue Ausschreibung gewonnen, der große Turm wird nicht mehr Teil des gesamten Baues sein, aber die Form der Parzelle und die funktionellen Bedürfnisse haben auch in diesem Falle jene »Responsive Irregularity« verlangt, von der Peter Blundell Jones so wirkungsvoll spricht[4] und die immer wieder das Kennzeichen der größten Werke deutscher Architekten ist, die sich mit ihren Arbeiten den Kritikern stellen.

Auch in dem neuen Gebäude in Stuttgart ist die Drehscheibe der Räume teils durch die Anpassung an die Hakel-Straße begründet, teils durch funktionelle Anforderungen; die harmonische Gestaltung des Geländes, die Schaffung von strengen, vielgestaltigen geometrischen Formen und die Planung weiterer überfluteter Räume erweckt die Vorstellung von einem großzügigen Bau.

In München hingegen ist für 1993 der Beginn der Arbeiten für den großen Komplex der technischen Geräte der Bayerischen Zentralbank (Abb. 7) angekündigt. Hier schließlich könnte der mächtige, phantasievolle Turm für Wohnungen und Büros verwirklicht werden, und die üppige Menge an Räumen, die manchmal gleich, manchmal auch in der Art zusammengefügt werden, daß Wiederholungen durch feine Änderungen der Fluchtachse aufgelöst werden. Zugleich wird dieser Teil der Stadt durch Vertiefung bereichert mit mindestens drei Ebenen unter der Erde, in denen jede Art funktioneller Teile untergebracht werden, große Wasserflächen, Übergänge und Verbindungswege.

In den Entwürfen leuchtet die Konsequenz auf, von der die Arbeit Behnischs durchdrungen ist, von den Einzelheiten in der Ausstattung bis zur großzügigen städtebaulichen Gesamtheit: der einzige kreative Bereich in dem die fein abgestimmten und angewendeten Schnitte eine formelle Bereicherung und Energie, auch aus der fortschrittlichsten Technologiearchitektur ziehen.

In den Gesamtentwürfen der großen Bankenkomplexe ist dieses Mal in städtischer Größenordnung der Reiz der

phantasievollen Schöpfungen Behnischs unmittelbar wahrzunehmen. Hier sind die positiven Folgen seines Verhältnisses zu den Vorschlägen des angewandten Dekonstruktivismus phantasievoll, individuell, kreativ und in städtischer Größenordnung ungewöhnlich umgesetzt.

Der ausführliche Text Günter Behnischs über den Dekonstruktivismus (in dem man schließlich von Dekonstruktivismus als entliehener Poesie aus philosophischen Kriterien und als Methodologie des Ausdrucks überhaupt nicht spricht) und der Hinweis auf die Besonderheit der Erfahrung mit dem Hysolar-Institut der Universität Stuttgart enthält fruchtbare Beweise. Die Dekonstruktion (ich würde lieber sagen, die Vorschläge, die aus dem Dekonstruktivismus entspringen) wird im augenblicklichen kreativen Wirken der Gruppe Behnisch & Partner sehr vorsichtig verwendet und zur Bereicherung des Ausdrucks einer noch größeren, markanteren kreativen Freiheit übersetzt. Der Unterschied zu den Arbeiten von Zaha Adid, Daniel Libeskind, Rem Koolhaas, die zweifellos reich und interessant sind, ist substantiell (vor allem für die ersten beiden, die im Endeffekt entschieden zu umstürzlerisch sind).

Das gilt auch für die vielen, wenn auch guten Werke des Peter Eisenmann, der, wenn auch mit einer vitalen, lange Jahre bewiesenen Erneuerungsfähigkeit, in seinen jüngsten Arbeiten – wie mir scheint – dazu gekommen ist, eine betonte und sich selbst abhängig machende Bauweise zu schaffen; ebenso ergibt es sich aus den zu ungehemmten Arbeiten des Frank O. Gehry, dem es auch nicht daran fehlt, die Aufmerksamkeit der Kritiker auf sich zu ziehen (und zu denen gehöre auch ich). Gerade diese Zügellosigkeit, die erstaunlichen und entweihenden Schöpfungen dieser beiden gewaltigen Architekten lassen mich im Vergleich dazu die Sicherheit schätzen, mit der Günter Behnisch die Beiträge der zeitgenössischen Erfahrungen aufnimmt und ausrichtet. Die Dekonstruktion ist für Behnisch, den Großen der

Moderne unserer Zeit, etwas, das zu bewerten, zu verfolgen, aber andererseits mit einer Ausgewogenheit und einem Augenmaß zu verwenden ist, die von bewährter kreativer Erfahrung herrühren.

Abgesehen von gewissen Vorlieben, die (schon seit einigen Jahren) in den Ausschreibungsentwürfen sichtbar sind, gelten derzeit die wiederholten Behauptungen des Günter Behnisch (»Ich könnte den Dekonstruktivismus als genaue poetische Linie nicht anwenden«) zur Erklärung der substantiellen Unterschiede auch gegenüber Coop Himmelblau, dessen indirekter Beitrag (durch Stepper im Büro Behnisch & Partner 1985) nur im Hysolar sehr stark ist; sonst ist die Bereicherung kontrolliert, kostbar, belebend, aber marginal gegenüber der vollen Autonomie der Schöpfungen des deutschen Meisters.

Wie ich vorher schon sagte, ist es eine kühne Aufgabe, auf ein paar Seiten die Eigenheiten und die Werte der Arbeiten des großen Stuttgarter Architekten zu beschreiben. Wenn ich wiederhole, was mehrfach aus diesen Zeilen hervorgeht, so glaube ich, daß es die außergewöhnliche Fähigkeit der Synthese ist, die aus Behnisch den Repräsentanten eines großen Teiles der Architekten dieses Jahrhunderts macht.

Diese Abhandlung und allgemein meine Veröffentlichungen über die deutsche Architektur wurden im Rahmen der Universität finanziert aufgrund von 40% M.U.R.S.T.-Fonds.

1 Peter Blundell Jones, Organic Response, in: Architectural Review, Nr. 1060, Juni 1985
2 Da die bisher zitierten Architekten diejenigen sind, die ich kennengelernt, gesprochen und besucht habe, möchte ich wenigstens in der Fußnote an das Kulturzentrum Gasteig bei München erinnern, eine moderne und gute Arbeit der Gruppe Eike Rollenhagen, und an das wiederholte Vorhandensein in Deutschland von Werken James Stirlings in Stuttgart und in Berlin (ich habe das Wissenschaftszentrum kommentiert und trotz allem die Modernität kürzlich verteidigt).

3 Es scheint mir Pflicht, an die Beiträge über das Thema von Piergiacomo Bucciarelli in »Spazio e Società« Nr. 31/32 September – Dezember 1985 zu erinnern, die Behnisch im Rahmen eines allgemeinen Themas über organischen Expressionismus gewidmet waren, sowie an ein kürzliches Essay, ebenfalls in »Spazio e Società« Nr. 57, Januar – März 1992 von rarer synthetischer Wirkung, das ganz besonders Günter Behnisch würdigte.
4 Peter Blundell Jones, Responsive Irregularity, in: Architectural Review, Februar 1992

Behnisch und die Architektur des Abenteuers: Eine Betrachtung von jenseits des Kanals

»Um das Jahr 1900 hatte die deutsche Regierung an ihrer Londoner Botschaft fünf oder sechs Jahre lang den Architekturexperten Muthesius angestellt, der später in Deutschland zum Historiker der freien englischen Architektur wurde. Sämtliche Architekten, die zu jener Zeit an Bauprojekten beteiligt waren, wurden ermittelt, eingeordnet, tabellarisiert und, wie ich sagen muß, verstanden. Doch dann, gerade als sich unser englisches ›Freies Bauen‹ durchsetzte, oder wenigstens beinahe, kam es zu einer verängstigten Abwehrreaktion und der Wiederbelebung der katalogisierten ›Stile‹. (…) Ähnlich wie die Deutschen viele industrielle Impulse von uns aufnahmen (…), scheint auch die Idee einer Architektur, die sich in einer ihr eigenen Sphäre entwickelt und nicht immer wieder zurückgeworfen wird, um sich mit Häuten zu verkleiden, die sie längst abgelegt hat, oder um, wie der biblische Hund, ihre Mahlzeit zweimal zu essen, zuerst bei uns entstanden zu sein. Deutsche Architekten haben sich diese Theorie einer ›Echten Architektur‹ zu eigen gemacht – oder sind selbst auf den Gedanken gekommen. In der Zwischenzeit haben wir uns in einer unserer immer wiederkehrenden Abwehrreaktionen verfangen. Architektur wird nicht als eine mögliche Form betrachtet, in der sich die Energie, der Intellekt und der Geist der Nation entfalten können. Statt dessen wird sie umgelenkt, verstümmelt und in Formeln gefangen, die nicht nur tot sind, sondern niemals Leben hatten.«[1]

Diese Passage wurde mitten im Ersten Weltkrieg verfaßt, doch der Ton ist eher von Neid geprägt denn von Chauvinismus. Der Autor, William Richard Lethaby, war einer unserer innovativsten Architekten und der führende Theoretiker eben der Architekturbewegung, die Hermann Muthesius so sorgfältig katalogisiert hatte.[2] Seit 1901 hatte er nicht mehr gebaut, und die meisten seiner Kollegen in der englischen freien Architektur hatten entweder das Bauen ebenfalls aufgegeben oder bauten nun anders.[3] Die Fackel war weitergegeben und von Deutschland übernommen worden, wo sie dem Modernismus der zwanziger Jahre zum Durchbruch verhalf, der ebenfalls eine freie Architekturbewegung war, bis ihm von den Konventionen des ›Internationalen Stils‹, später den repetitiven Formeln der schieren Technik und schließlich der Rückkehr der Postmoderne zu geborgten Stilen Fesseln angelegt wurden. Doch durch all diese Veränderungen hindurch hat es Architekten gegeben, die die Idee einer freien Architektur am Leben hielten: Einer von ihnen ist Günter Behnisch.

Auch heute, 1992, können wir Engländer wieder neidvoll über den Kanal blicken, denn wieder »haben wir uns in einer unserer immer wiederkehrenden Abwehrreaktionen verfangen«. Eine neue Traditionsmanie hat eine Mode für geborgte Stile hervorgebracht, die mit der Vorstellung einhergeht, die Moderne könne irgendwie umgangen, die Uhr zurückgedreht werden. Die Fortschrittlichen unter uns beneiden daher Deutschland, wo abenteuerliche Dinge noch immer erlaubt sind; und wir hätten gerne etwas wie das Postmuseum in Frankfurt statt unseres neu eröffneten Erweiterungsbaus zur

National Gallery in London. Etwas Ähnliches, wenn auch etwas mechanistischer, hatte Richard Rogers für den ersten Wettbewerb 1983 eingereicht. Unverschämt neu und vielversprechend vor allem in bezug auf die Verkehrsführung, mit der die Verdichtungsprobleme des Geländes gelöst worden wären. Doch es sollte nicht sein. Ein weniger radikales modernistisches Konzept gewann die Ausschreibung. Doch dann intervenierte Prince Charles mit seiner berühmtgewordenen Rede, und alles war verloren. Es gab eine zweite Ausschreibung, und aus der Debatte war ein völlig neues Konzept erwachsen: von innen eine Basilika für die Renaissancegemälde und irgend etwas mit klassischen Referenzen von außen. Alle Architekten taten so, als sei man wieder im 19. Jahrhundert; und der Geschickteste und Komischste in diesem Spiel war der Gewinner: Robert Venturi, der Postmodernist der Postmoderne und Autor von »Complexity and Contradiction«[4]. Große Mengen Geldes wurden aufgewendet, die öffentliche Diskussion tobte, und schließlich bekamen wir, was wir verdienten.[5]

In der Zeit nach dem Gefühlsausbruch des Prinzen sowie seinem später erschienenen Buch und der Fernsehsendung wurde es immer deutlicher, daß von öffentlichen Gebäuden in England ein bestimmtes Erscheinungsbild erwartet wird, und selbst Privathäuser sollen dieser stillschweigend akzeptierten Idee von Tradition entsprechen.[6] Einige moderne Gebäude werden zugelassen, jedoch nur in Randgebieten. Das neueste britische Meisterwerk freien Stils zum Beispiel ist Norman Fosters Stansted Airport. Er liegt weit von der Innenstadt entfernt, und zudem handelt es sich um einen Gebäudetyp, der kaum im anerkannten georgianischen Stil ausgeführt werden könnte.[7] Doch in kopiertem georgianischem Stil wird in London immer häufiger gebaut, um so der fortschreitenden Vergewaltigung der City ein respektables Aussehen zu geben.[8] In diesem Zusammenhang scheint der letzte Satz der oben zitierten Passage von Lethaby relevanter denn je.

Aber warum betrachten wir das Postmuseum mit so viel Bewunderung (Abb. 1)? Vor allem, weil es die Kunst der Architektur weiterbringt, als Antwort auf nie vorher dagewesene Bedingungen, die einen völlig neuen und unerwarteten Eindruck erzeugt. Es ist unverkennbar ein Gebäude unserer Zeit, das sich moderne Verfahren zunutze macht, ohne sich ihnen sklavisch auszuliefern, und zu einem früheren Zeitpunkt undenkbar gewesen wäre. Es hätte nicht vor dem 20. Jahrhundert gebaut werden können, weil die dazu nötigen konstruktiven Erkenntnisse und Serviceleistungen fehlten, vor allem die künstliche Beleuchtung, die das Untergeschoß ermöglicht.[9] Die Technologie für die großen Glasflächen stand ebenfalls noch nicht zur Verfügung. Selbst die frühen modernen Architekten hätten es nicht bauen können, da ihnen verläßliche Wasserdichttechnik, wichtig vor allem im Untergeschoßbereich, nicht zur Verfügung stand. Die leichte und luftige Atmosphäre des neuen Pavillons mag zwar lediglich wie die Erfüllung von Versprechen erscheinen, die sich bereits in Johannes

2

Duikers Architektur von 1930 ankündigten, doch nun sehen wir, daß sie funktioniert, und zwar gut. Technisch gesehen hätte das Postmuseum schon in den sechziger oder siebziger Jahren realisiert werden können, doch damals hätte man auf die architektonisch mittelmäßige Villa und die Bäume auf dem Gelände keine Rücksicht genommen. Man hätte den Bauplatz völlig geräumt, um für etwas Kompromißloseres und Eigenständigeres Platz zu schaffen. Einige Vorschläge dieser Art wurden für den Wettbewerb auch eingereicht. Schließlich muß das Projekt auch im Zusammenhang mit dem jüngsten Museumsboom gesehen werden, als ein fortschrittliches Beispiel im Kontext eines sich schnell entwickelnden Gebäudetyps, dessen kulturelle Rolle sich verändert.

Das Postmuseum gehört unwiderruflich in die achtziger Jahre. In der Erhaltung der Bäume und der alten Villa (Abb. 2) spiegeln sich sowohl ›grünes‹ Gedankengut als auch die Bemühung um den richtigen Umgang mit der gemeinsamen Vergangenheit: das mittlerweile allgemeine Bedauern darüber, daß in früheren Jahrzehnten so vieles im Namen des technischen und wirtschaftlichen Fortschritts einfach hinweggefegt wurde. Die Erhaltung von Bäumen und alten Gebäuden ist zur gängigen Praxis geworden. Doch hier wurden Bäume und Villa nicht einfach passiv erhalten, widerwillig neben dem neuen Kunstwerk hingenommen, wie das so oft der Fall ist, sondern sie waren Teil der Inspiration für das neue Gebäude, das ohne sie nicht denkbar wäre.

Der entscheidende Punkt ist folgender: Es handelt sich um einen äußerst speziellen Entwurf, eine einzigartige Lösung für ein einzigartiges architektonisches Problem, und nicht um einen allgemeingültigen Typ, der auch in anderen Kontexten einsetzbar wäre. Die Strategie des Projekts könnte etwa folgendermaßen formuliert werden: Der Pavillon, ebenso wie die alte Villa, muß für sich stehen, kann aber durch einen neuen Pavillon am Südrand des Geländes ergänzt werden. Dieser neue Pavillon ist aber durch die örtlichen Höhenbegrenzungen eingeschränkt und kann nicht genug Ausstellungsraum zur Verfügung stellen. Weiterer Raum muß daher unter dem Garten geschaffen werden, der nach außen hin als Fundament erscheint (Abb. 3), wodurch der Eindruck des Pavillons beibehalten wird. Das Untergeschoß muß so geformt sein, daß es die Baumwurzeln nicht gefährdet. Dennoch soll dieser Gebäudeteil nicht wie ein Keller wirken. Er darf nicht zu sehr von der übrigen Ausstellung abgeschnitten sein, und er darf nicht zu dunkel sein. Daher der große Schacht und die herausragenden zylindrischen Oberlichter, die den neuen Pavillon mit dem Untergeschoß verbinden (Abb. 4) und so dem Museum sein Zentrum und seine Identität verleihen. Daher auch das Tageslicht am anderen Ende, mit dem der Eindruck völliger Eingeschlossenheit vermieden wird, selbst wenn der Mittelteil auf elektrisches Licht angewiesen ist. Ein geniales Arrangement, nicht wiederholbar und ausgesprochen speziell. Dieses Prinzip des Speziellen ist das entscheidende Charakteristikum von Behnischs späteren Werken. Sie stehen damit in bewußtem Gegensatz zur Mehrzahl der Arbeiten seines Büros in den fünfziger und sechziger Jahren, bei denen die Wiederholung von Typen unverkennbar ist. Diese Wende zum Speziellen, zum Individuellen und Einfühlsamen ist die entscheidende Entwicklung, die nicht nur Behnischs Büro, sondern auch die anhaltende modernistische Tradition in den letzten 15 Jahren wiederbelebt hat. Doch das Phänomen ist nicht neu. Es ist vielmehr die Wiederaufnahme eines alternativen Zweigs der deutschen Moderne, der von Anfang an bestand.

Wolfgang Pehnt griff in einem Essay über die deutsche Architektur von 1963[10] den Kontrast zwischen dem speziellen und dem allgemeinen Prinzip am Beispiel der Polarität zwischen den Werken Egon Eiermanns und Hans Scharouns auf: »Eiermann geht es um die Anschaulichkeit und um das klar verständliche Arrangement des formalen Bildes sowie um die Eleganz des Entwurfs. Scharoun dagegen behandelt jeden Auftrag, als ob das Planungsproblem, das es darstellt, noch nie vorher aufgetreten wäre.« In den Worten ›als ob‹ drückt sich eine verborgene, doch zeittypische Kritik aus. Scharoun hätte dagegengehalten, daß jeder Auftrag tatsächlich einzigartig ist, und er machte es sich zur Aufgabe, diese Einzigartigkeit auszunutzen. Eine reiche und variationsfreudige Architektur mit scheinbar unbegrenzten Möglichkeiten war das Ergebnis. In den sechziger Jahren wurde dies jedoch oft als Bewegung gegen den Zeitgeist abgetan. Sie war unrealistisch und altmodisch, so die Theorie, denn sie widersetzte sich dem Geist der Massenproduktion und dem allgemeinen Glauben, daß die Organisation von Gebäuden von den technischen Disziplinen bestimmt werden soll. Standardisierte Lösungen von internationalem Ausmaß, getrieben von ihrer eigenen technischen Logik, mußten sich einfach durchsetzen, weil sie bei weitem wirtschaftlicher waren. Im Rückblick von den neunziger Jahren aus mutet es seltsam an zu sehen, wie falsch diese Vorstellung war.

2 Deutsches Postmuseum,
  Frankfurt
  Neubau und Villa
3 Villengarten mit Oberlicht-
  bändern zur Belichtung der
  Hauptausstellungsfläche

3

Bei den meisten Anwendungen waren die Massenbau-systeme nie wirklich billiger, und auch heute noch werden die meisten Bauvorhaben als Einzelfälle behan-delt. Die Gebäude mit der längsten Produktionslaufzeit, Einfamilenhäuser großer Bauunternehmen, halten immer noch an einem traditionellen Image fest, während die sogenannten High-Tech-Gebäude meistens Einzel-anfertigungen mit kurzen Komponentenlaufzeiten sind. Wenn Bauen also künftig stärker industrialisiert wird, tragen die Entwicklungsmethoden computergestützten Konstruierens sowie Industrieroboter eher zu einer mühelosen Komponentenvielfalt bei, anstatt Konstruk-tionsdisziplin zu diktieren. Die Technik ist heute offener als je zuvor.[11]

Die Polarität zwischen dem Speziellen und dem Allge-meinen oder Universellen, die Pehnt bemerkt und mit den beiden Figuren Scharoun und Eiermann identifiziert, hat eine lange Geschichte. In der vormodernen Gene-ration war sie stark vertreten, wie sich an den Persön-lichkeiten Theodor Fischer und Peter Behrens zeigen läßt. Fischer, übrigens ein naher Zeitgenosse Lethabys mit auffallend ähnlichen Ideen[12], war bestrebt, jedes Gebäude harmonisch aus seiner Umgebung erwachsen zu lassen, und zwar nicht nur im Sinne einfühlsamer Planung, sondern auch durch Aufnahme und Neuinter-pretation von Elementen der umgebenden Architektur. Behrens dagegen produzierte seine typisierten Lösun-gen für AEG und arbeitete mit einer universell anwend-baren klassischen Formensprache.[13] Ihre Schüler führ-ten diese Ansätze jeweils in extremerer Weise fort: Hugo Häring, der die romantische Vorstellung verfolgt, daß ein Gebäude aus den Verhältnissen, denen es dienen soll, erwachsen muß, und Mies van der Rohe, der typisierte Lösungen entwickelt, die von Ort, Anwendung, Klima und sogar vom Material unabhängig sind.[14] Ihre jeweili-gen Einfamilienhauskonzepte der späten vierziger Jahre bilder eine perfekte Antithese: Bei Häring erkennen wir den Wunsch, die Architektur vollständig aus der täg-lichen Kleinarbeit ohne beeindruckende Formen zu gestalten. Für Mies hingegen ist Form alles und das Inhaltliche so weit wie möglich eliminiert.[15] Der gleiche

Kontrast findet sich in den Beiträgen von Scharoun und Mies zum Wettbewerb für das Mannheimer Theater von 1953, und er findet einen angemessenen Höhepunkt am ›Kulturforum‹ in Berlin, wo sich die Philharmonie und die Neue Nationalgalerie gegenüberstehen.

Der Architekturkritiker Adolf Behne hat diese kontrastie-renden Tendenzen innerhalb der Moderne schon 1923 dokumentiert und verstanden.[16] Er unterschied eine funktionalistische und eine rationalistische Tradition, indem er erkannte, daß die Erfordernisse der Anwen-dung und die Erfordernisse des Baus oder der generali-sierten Formtypen nicht unbedingt miteinander vereinbar sind. Behne klassifizierte die Architektur von Gropius oder Le Corbusier – die zur orthodoxen Moderne führte – als rationalistisch.[17] Die wahren Funktionalisten waren Hugo Häring, Hans Scharoun und Adolf Rading, denn sie suchten in ihren Gebäuden, den Bewegungen und Prozessen des Lebens Form zu verleihen. Behne erkannte, daß die Ziele nicht utilitaristisch waren, son-dern vielmehr darauf gerichtet, aus der Aufgabe, die das Gebäude zu erfüllen hatte, dessen Charakter und Iden-tität abzuleiten. Diese aufkeimenden, gegensätzlichen Traditionen in einer Handvoll unverwirklichter Projekte erkannt zu haben, spricht für Behnes außerordentliche Einfühlsamkeit.[18]

Vielleicht ist es kein Zufall, daß die extremen deutschen Exponenten dieser beiden Tendenzen, Häring und Mies, in Berlin im gleichen Büro arbeiteten und gemeinsam den modernistischen Verband ›Der Ring‹ gründeten. Was sie zusammenbrachte, war die gemeinsame Ab-lehnung des damals herrschenden Historismus und der Wunsch, die Architektur von ihrem Wesen her zu erneu-ern, neue Formen zu entdecken und Möglichkeiten zu finden, Dinge aus ihrer eigenen Logik heraus zu tun. Von diesem aufgeschlossenen Bemühen um das Wesen der Architektur, um die Arbeit von der inneren Natur der Dinge nach außen, so scheint es, war die Berliner Schule der zwanziger Jahre erfüllt, denn überall ist in den von Insidern geschriebenen Beiträgen davon zu lesen.[19] Es kann daher nicht verwundern, daß sich 1923 eine Ableh-nung des Formalismus selbst von Mies van der Rohe findet, obwohl Form genau das war, was ihn später interessierte.[20]

Mit der Übertragung der Moderne in die englischspra-chige Welt änderte sich der Ton abrupt. Keiner der hieran beteiligten Historiker, Nicolaus Pevsner und Sig-fried Giedion, kannte die Architekturdebatte in Berlin aus erster Hand, und beide engagierten sich für Leitfiguren von außerhalb Berlins. Pevsner für Gropius und Giedion für Le Corbusier. Die einflußreichsten Amerikaner, Henry-Russel Hitchcock und Philip Johnson, waren absolute Außenseiter, weshalb ihr Buch und die Ausstel-lung »The International Style«[21] die Arbeiten nur ober-flächlich unter formalen und kompositorischen Aspekten betrachten konnten und dabei die Forderungen des Formalismus verwarfen und Fragen von Inhalt und Kon-text völlig ignorierten. Bald schon drängte sich eine neue ästhetische Orthodoxie auf; die reiche Vielfalt der Bewe-

4

gung wurde stark reduziert und verkam zu einer leeren Hülse. Die Kombination einiger weniger visuell blendender Beispiele mit einer pseudowissenschaftlichen Designphilosophie[22] eroberte die Welt. Doch schon bald wurden ihre essentielle Geistlosigkeit und ihre inneren Widersprüche aufgedeckt.

Ein internationaler Stil ist per Definition universell, woraus sich seine Beschränkung ergibt: Er beruht genau auf den Aspekten der Architektur, die ohne Kontext (oftmals nur aufgrund von Photographien) bewertet und dann sehr allgemein angewandt werden können. Es kann daher kaum verwundern, daß Mies, Gropius und Le Corbusier die Welt der Architektur eroberten, und nicht Häring, Scharoun, Erich Mendelsohn oder Bruno Taut. Es ist bei weitem einfacher, die fünf Punkte Le Corbusiers zu lernen und anzuwenden, als Härings Rat ernst zu nehmen, den Ort und das Wesen der Aufgabe sprechen zu lassen. Doch schließlich braucht Architektur Beziehungen sowohl zum Speziellen als auch zum Universellen: Sie muß ihren Platz finden irgendwo zwischen den beiden Polen einer banalen Allgemeinheit, die sie autistisch macht, und einer absoluten Spezialisierung, durch die sie außerhalb ihres unmittelbaren Kontexts jegliche Relevanz verliert.[23]

Der Reichtum und die Vielfalt der Berliner Schule der zwanziger Jahre werden noch immer unzureichend gewürdigt und viele ihrer Mitglieder unterschätzt. Wäre Hitler nicht eingeschritten, hätte sich dieser Brennpunkt der neuen Architektur weiterentwickeln können und die reduktive Wirkung des Ideenexports hätte durch eine ständige Beziehung zur Quelle gemildert werden können. Doch zwölf Jahre der Brutalität verstreuten die Architekten in alle Winde, und der Nachkriegs-Wiederaufbau wurde durch eine Mischung aus Amnesie und Materialismus nach amerikanischem Vorbild behindert. Durch deutsche Gründlichkeit kam die Technisierung der sechziger Jahre besonders stark zum Tragen und dauert noch an. Das Gegengift war in Form von Scharoun und Häring, aber auch jüngerer Männer wie Gottfried Böhm und Rolf Gutbrod ständig verfügbar. Doch statt ihnen die fällige Anerkennung zukommen zu lassen,

als der allzu technische Ansatz im Sinken begriffen war, wurde dieser ganze Zweig deutscher Architektur von der postmodernen Revolution zugunsten oftmals aus der englischsprachigen Welt importierter Modelle an den Rand gedrängt.[24]

Die Postmoderne stellt eine wichtige Befreiung dar und eine Rückbesinnung auf Fragen der Bedeutung und der Identität der Stadt. Doch sie ist auch eine Überreaktion auf das Karikaturbild der Moderne, das durch den ›International Style‹ verbreitet wurde. Die Tendenz war daher, alles über Bord zu werfen, die gesamte Erfahrung der Moderne als Fehler abzutun, und dabei zu übersehen, daß sich die phantasievolleren Modernisten sehr wohl mit Fragen der Bedeutung, der Geschichte und mit dem Wesen des Lebens in Städten auseinandergesetzt hatten. Schlimmer noch: Die Revolution, für die sich die Modernisten eingesetzt hatten, gegen das oberflächliche Aufstülpen von Images, wurde in ihr Gegenteil verkehrt. Das kam zwar der Modeindustrie und den Marktstrategen der achtziger Jahre zugute, warf uns aber schlußendlich zurück auf die Stilkrise des ausgehenden 19. Jahrhunderts. Als Folge davon befinden wir uns jetzt in einer neuen, schweren Authentizitätskrise: Unsere Städte werden mit Kulissen angefüllt, hinter denen alle schlechten Angewohnheiten der sechziger Jahre, wie anonyme Raumaufteilung, völlige Abhängigkeit von Kunstlicht und Klimaanlagen sowie zusammenhanglose Konstruktion weiterleben. Die heutige Architektur verliert sich irgendwo zwischen Innenarchitektur und Fassadengestaltung. Man kann sich jedes beliebige Image zu eigen machen, doch losgelöst von einer essentiellen Auseinandersetzung mit der Welt werden alle Images gleichermaßen bedeutungslos.

Es spricht sehr für Behnisch & Partner, daß sie sich nicht in die Sackgasse der Postmoderne begeben haben, sondern ihren modernistischen Ansatz überarbeitet und dabei den unterdrückenden und mechanistischen Tendenzen eine Absage erteilt haben. Nachdem sie sich in den fünfziger und sechziger Jahren sehr gekonnt in einer repetitiven, komponentenorientierten Form systematischen Bauens bewegt hatten, verwarfen sie diese in den siebziger Jahren zugunsten einer freieren, einfühlsameren Art des Arbeitens, die sich an die alternative modernistische Tradition der deutschen Architektur anlehnte, die manchmal auch als »organisch«[25] bezeichnet wird: die Tradition von Scharoun und Häring. Doch die frühere Erfahrung wurde nicht verworfen und hat die alternative Tradition in sehr entscheidender Weise durchdrungen: Während Scharoun beinahe gegen das Material baute[26] und der außerordentlich wichtigen räumlichen Identität des Gebäudes die oberste Priorität gab, haben Behnisch & Partner Methoden entwickelt, solche Räume mit größerer tektonischer Kohärenz herzustellen. Konstruktion und Materialien sind offen sichtbar und greifbar, ohne jedoch die Raumaufteilung zu diktieren.[27] Unregelmäßigkeiten und Übergänge werden durch überlappende und sich kreuzende Elemente überzeugend untergebracht.

Die wissenschaftliche Untersuchung der großen Leit-figuren der frühen Moderne zeigt mehr und mehr, wie beschlagen sie in allen architektonischen Traditionen und Debatten ihrer Zeit waren; und obwohl sie sich einen absoluten Neuanfang zum Ziel machten, sind doch viele stillschweigende Anknüpfungspunkte und Traditionen in ihren Werken festzustellen, die sie insgeheim berei-chern. Die Vielfalt der Arbeit von Behnisch & Partner ist vielleicht auch mit bedingt durch die umfassende Debatte, die in den letzten 25 Jahren innerhalb des Büros geführt wurde, zu der zahllose junge Architekten sowie die Partner beigetragen haben. Behnischs Fähig-keit, diese kreative Gruppe zusammenzubringen und zu halten, ist so bemerkenswert wie sein persönlicher

Einsatz für die Gebäude. Unter seiner Führung wächst und verändert sich diese Gruppe, vermehrt den Erfah-rungs- und Ideenschatz und trägt die Saat nach außen in die Welt der Architektur, wenn Mitglieder abwandern. Sie hat sich eine erstaunliche Frische erhalten und bleibt dem Geist des Abenteuers beständig verpflichtet.
»Der lebendige Stamm der Architektur war immer tief im Geiste des aktiven Experiments und des Abenteuers verwurzelt, um künftigen Bedürfnissen und Wünschen zu begegnen (...) Im Streben nach diesem Geist mögen wir hoffen, uns endlich von der Küste des Bekannten lösen zu können und kühn und kraftvoll unter den Sternen vorwärts zu segeln.«[28]

(Aus dem Englischen übersetzt von Roland Mahle)

1 William Richard Lethaby, Modern German Architecture and what we may learn from it, Vortrag vor der Architectural Association, London 1915. Ver-öffentlicht in: Lethaby, Form in civilisation, 1924, S. 81 f.
2 Hermann Muthesius, Das englische Haus, 1903
3 Philip Webb setzte sich um die Jahrhundertwende zur Ruhe, Charles Rennie Mackintosh baute nach der Glasgow School of Art so gut wie nichts mehr; Baille Scott wandte sich einem neo-georgianischen Stil zu, und Edwin Lutyens begann mit Klassizismus eine neue Karriere.
4 Robert Venturi, Complexity and Contradiction in Architecture, um 1968. Ein richtungsweisender Text für die Entwicklung der Postmoderne, in der englisch-sprachigen Welt viel beachtet.
5 Ein ausführlicher Bericht findet sich in: Eine Lösung dazwischen, in: Archithese 6/87, S. 49 ff.
6 Ein Bericht über Prince Charles' Fernsehsendung und ihre Wirkung findet sich in: Prince Charming and the Wicked Modernists: a fairy tale for the TV age, in: Spazio e societa, April/ Juni 1989 Nr. 46, S. 70 ff.
7 Die georgianische Architektur war der städtebauliche Stil des frühen 19. Jahrhunderts mit neo-klassizistischen Fassaden. Ty-pisch sind die Gebäude in Bath sowie zahlreiche Plätze in London.
8 Es besteht die Tendenz, aus Profitgründen weiterhin anonyme Büroflächen zu schaffen, diese aber hinter einer georgianischen Fassade zu verstecken, als ob sich in der alten City nichts geän-dert hätte. Die beiden berüchtig-sten Beispiele hierfür sind Quinlan Terrys Richmond River-side (siehe Architectural Review, November 1988, S. 86 ff.) und das Paternoster Square Projekt von John Simpson and Friends, das vom Prinzen gefördert wurde.
9 Obwohl das Tageslicht ent-scheidend ist für das Erlebnis dieses Gebäudeteils, muß es mit Kunstlicht verstärkt werden.
10 Wolfgang Pehnt (Hrsg.): Encyclopaedia of Modern Archi-tecture, London 1963. Auf der

Basis von Knaurs Lexikon der modernen Architektur, München und Zürich, 1963
11 Wie Behnisch es in einem Interview mit dem Autor kürzlich formulierte: »Das Formale ist frei.«
12 Beide waren leidenschaft-liche Verfechter der Idee, daß sich Architektur aus dem ›genius loci‹ entwickeln solle, und beide suchten sich von bestimmten historischen Stilen zu befreien. Lethaby wurde 1857 geboren, Fischer 1862.
13 Die St. Petersburger Bot-schaft etwa oder das Wiegand-Haus, beide zeitgleich mit AEG.
14 Das Musterbeispiel hierfür ist das Beton-Bürogebäude für Bacardi in Kuba, das auch als neue Nationalgalerie in Berlin rea-lisiert wurde, und zwar in Stahl.
15 Siehe das rechteckige 18 Meter-Haus von Mies, eine kon-sequentere Version des Farns-worth, sowie Härings Pläne (Häring-Archiv, Akademie der Künste, Berlin, Opus 96, 1946). Typisch, daß Härings Pläne voll-ständig eingerichtet gezeigt wer-den, sogar mit einem Hackbeil auf der Arbeitsplatte in der Küche und Handschuhen auf dem Tisch in der Diele. Sie sind ausgerichtet und haben eine Beziehung zu einem dahinterliegenden Garten, doch es finden sich kaum Aufrisse. Alles dreht sich um Wohnqualität. Bei Mies ist beinahe alles wegge-lassen, um größtmögliche Simpli-zität zu erreichen, und das Modell, das das Wesen des Objekts zeigt, ist fast wichtiger als der Plan. Es gibt keine Ausrichtung und nach Norden wie nach Süden zeigt die gleiche Glaswand.
16 Adolf Behne, Der moderne Zweckbau, 1923 geschrieben, doch erst 1926 veröffentlicht.
17 Le Corbusier wird zum Prota-gonisten der rationalistischen Strömung gemacht, zum Teil weil Behne seine Dichotomie geogra-phisch in Ost und West lokalisie-ren wollte, und teilweise aufgrund der sehr klaren und verständ-lichen Schriften des Schweizer Architekten. Die Bedeutung von Mies' Arbeiten war demgegen-über möglicherweise weniger klar.

18 Härings Gut Krakau erscheint in dem Buch nur als Vorentwurf, nicht als fertiges Gebäude. Das Projekt Friedrichstraße und der deutsche Club in Rio werden ebenfalls besprochen. Die Beiträge Scharouns, die Erwäh-nung finden, sind Projekte für die Börse in Königsberg und das Postamt in Bremen.
19 Zum Beispiel: Adolf Behne, siehe Anm. 16; Bruno Taut, Die moderne Baukunst; Heinrich de Fries, Junge Baukunst in Deutschland; Ludwig Hilberseimer, Internationale neue Baukunst.
20 We reject all formalism, 1923, zitiert in: Ulrich Conrads, Programmes and manifestoes of 20th century architecture
21 Eine Ausstellung am Museum of Modern Art in New York, 1932, mit einem Begleitbuch.
22 Diese blendenden Beispiele wurden vor allem von Le Corbu-sier, dem Maler und Meister der dreidimensionalen Komposition, produziert. Die pseudowissen-schaftliche Design-Philosophie findet sich am deutlichsten in Hannes Meyers Bauhausmani-festo »Bauen« von 1927. Aus der impliziten Verquickung dieser beiden bezog die Bewegung der Moderne ihre Kraft. Ihre tat-sächliche Unvereinbarkeit wurde dabei übersehen.
23 Solche fehlende Relevanz stellt für das Gebäude selbst kein Problem dar, jedoch für eine ge-meinsame Kultur der Architektur. Möglicherweise war es das Feh-len dieser allgemeinen Relevanz, die zum Zusammenbruch von Le-thabys englischer ›Free Architec-ture‹ und zur Vernachlässigung der Werke Fischers und Härings führten. Die Gebäude waren nur innerhalb ihres eigenen Bereichs zu verstehen und von Wert. Im Fall Fischers wurden viele der Umge-bungen, für die er seine Gebäude entwarf, später verändert oder zerstört. Ein gutes, noch beste-hendes Beispiel hierfür ist das Postamt in Hall nahe Innsbruck.
24 Symptomatisch hierfür ist die Tatsache, daß Heinrich Klotz, der ehemalige Leiter des Architektur-museums in Frankfurt, das ge-

samte Nachkriegsschaffen von Hans Scharoun aus seinem »Mo-derne und Postmoderne«, das mit dem Anspruch auftritt, ein histori-sches Werk zu sein, ausgeklam-mert hat. Bei einem deutschen Historiker muß dies als absicht-liche Unterdrückung und nicht als Unwissenheit gewertet werden!
25 Häring benutzte die Begriffe »Organhaft« und »Organisches Bauen«. Es spricht viel für die internationale, alternative moder-nistische Tradition, der Namen wie Sullivan, Wright, Asplund, Aalto, Mendelsohn, Scharoun, Häring und viele andere ange-hören, und deren Leitgedanke die Einfühlung in die speziellen Bedingungen eines Projekts ist. Bruno Zevi hat mit »Towards an organic architecture«, 1945, eine gute Basis geschaffen. Die Idee kann aus Platzgründen leider hier nicht weiter verfolgt werden.
26 Das ist nicht als destruktive Kritik zu verstehen. Scharoun er-weiterte die Grenzen, und räum-liche Organisation war dabei sein Hauptanliegen. Doch erst bei der Philharmonie, die erst spät in sei-ner Laufbahn fertiggestellt wurde, war er in der Lage, im Detail zu erforschen, wie man den großen Gebäuden, die er über mehr als 15 Jahre hinweg für Wettbewerbe entworfen hatte, physische Form gab. Er war baulichen Details ge-genüber sehr offen. Das Theater in Kassel 1952 sollte eine Stahl-rahmenkonstruktion werden, die Philharmonie war Vorort-Beton, und das Wolfsburger Theater ver-band die beiden Verfahren.
27 In diesem Punkt unterschei-det sich die Arbeit von Behnisch & Partner wesentlich von der moderner englischer High-Tech-Architekten wie Norman Foster und Richard Rogers, bei denen die technischen Disziplinen noch immer dominieren und die grund-legende Ordnung vorgeben, der sich alles andere fügen muß. Von einigen wichtigen Fortschritten abgesehen ist ihr Modernismus im Grunde noch immer ungebro-chen.
28 William Richard Lethaby, The architecture of adventure, 1910, in: Form in civilisation, 1924

Eine Architektur der Harmonie und Poesie

Das Werk von Behnisch & Partner ist in Frankreich wenig bekannt. Viele Architekten kennen zwar den Münchner Olympiapark, wissen aber selten, daß dieser von Günter Behnisch geschaffen wurde.

So habe ich eher per Zufall Anfang der achtziger Jahre, während meines Architekturstudiums an der Ecole des Beaux-Arts in Paris, den Kindergarten von Stuttgart-Neugereut in einer Fachzeitschrift entdeckt (Abb.1). Ich war sehr berührt von der Schönheit dieser Räume, die ganz offensichtlich von Menschen entworfen wurden, denen Zuneigung und Verständnis für Kinder zu eigen sind.

Einige Jahre später besichtigte ich den Olympiapark in München und die Sporthalle in Sindelfingen und empfand große Achtung vor dieser Architektur. Nachdem ich dann 1986 nach Stuttgart gezogen war, entdeckte ich weitere Behnisch-Bauten mit immer mehr Begeisterung.

Nun hatte ich den Wunsch, die Schöpfer dieser so ›frischen‹, ›kreativen‹ und ›jungen‹ Architektur kennenzulernen. Ich traf dabei auf passionierte Architekten, die ihre Arbeit mit Sorgfalt und tiefem Respekt vor Mensch und Natur ausüben. Ich freue mich, daß diesen Architekten eine Ausstellung gewidmet wird.

Ein junges und dynamisches Büro. Unsere gebaute Umgebung ist von überwiegend mittelmäßiger Architektur gezeichnet. Die Fachzeitschriften sind jedoch voll von aufsehenerregenden Entwürfen weniger Planer. Diese scheinen oft mehr um ihren Ruhm als um das Wohl der Nutzer ihrer Projekte bemüht zu sein.

Unter diesem eher unerfreulichen Umstand wirken die Projekte von Behnisch & Partner fröhlich, sympathisch und nicht anmaßend.

Die Bauten dieses Büros bringen frischen Wind in die gegenwärtige europäische Architektur, und man fragt sich, woher die kreativen Kräfte kommen, die für die Konzeption solcher Projekte erforderlich sind.

Günter Behnisch, dem man seine 70 Jahre nicht ansieht, verstand es, junge, von seinem Werk begeisterte Architekten anzuziehen. Er scheut sich nicht, ihnen die Verantwortung für einzelne Projekte anzuvertrauen. Einige ›Alteingesessene‹ üben dabei die wachsame Aufsicht über die Arbeit der Jungen aus.

Diese eher demokratisch anmutende Arbeitsweise erinnert sehr an die der ›ateliers‹ an der Ecole des Beaux-Arts. Junge Architekten, die gerade von der Universität kommen, profitieren von den langjährigen Erfahrungen des Büros. Sie bringen andererseits ihre Jugend, ihre Frische und ihren Enthusiasmus ein. Die Projekte werden in allen Entwurfsphasen an Modellen entwickelt und kontrolliert. Auf der Baustelle wird dann gefeilt bis ins letzte Detail. So entstehen Bauten von großer architektonischer und handwerklicher Qualität.

Obwohl für jedes Projekt neue Projektgruppen gebildet werden, entsteht dank der Ausstrahlung von Günter Behnisch und des Schwunges, den er auf seine Mitarbeiter überträgt, ein sehr homogenes Gesamtwerk. Seit

2

Jahrzehnten ist das Büro Behnisch & Partner seinen sozialen und ökologischen Grundsätzen treu geblieben. Dadurch wird eine ungewöhnliche Architektur geschaffen, die mit der Umwelt, den Benutzern und ihrer Zeit harmoniert.

»Sinnvolle Antworten auf Fragen, sinnvolle Materialien, sinnvolle Gestalt, Vielfältigkeit in der Einheit (...), so können – ohne Willkür – Arbeitsstätten, Schulen und auch Altersheime gebaut werden. Diese Gebäude geben eine besondere Antwort auf ein gestelltes Problem, sie erleichtern es dem einzelnen, darin zu leben und seinen Platz zu finden.«[1]

Eine bahnbrechende Architektur. Günter Behnisch möchte nicht in irgendeine Architekturströmung eingeordnet werden. Er ist aber dennoch zum ›Vordenker‹ einer ganzen Generation von Architekten geworden, die er in seinem Büro und an seinem Lehrstuhl an der Technischen Hochschule Darmstadt geprägt hat. Diese jungen Architekten wirken besonders im süddeutschen Raum.

Als Verfechter einer »menschlichen und demokratischen« Architektur scheut Günter Behnisch nicht davor zurück, mit Vehemenz und Entschiedenheit Stellung zu beziehen. So hat er sich zum Beispiel James Stirlings Wettbewerbsentwurf für die Stuttgarter Staatsgalerie entgegengestellt. Für den Bau von Schulen, Büros und Sportstätten entwickelte er ungewöhnliche Lösungen, die mittlerweile zu Klassikern geworden sind.

Die Sporthalle von Sindelfingen (1977) hat – profitierend von den Erfahrungen des Büros mit der Aufwärmhalle im Olympiapark von München – eine neue Ära für die Konzeption von Sporthallen hervorgerufen (Abb. 2). Günter Behnisch verwarf das Prinzip der ›schwarzen Kiste‹ und schuf ein neues Konzept, das den Sportlern den Kontakt zu ihrer Umwelt beläßt. Umkleidekabinen, Waschräume und Nebenräume sind unterirdisch untergebracht. So kann man oberhalb der Sitzreihen einen großen Raum betreten, der von natürlichem Licht erhellt wird und der sich weit nach außen hin öffnet. »Das Tageslicht fällt in die Halle durch das Geäst der Dachträ-

3

ger, der Metallhimmel spiegelt Licht und Schatten. Das Ganze wirkt eher immateriell, löst sich auf; der Blick führt über die Arena in die Landschaft. Innen und außen gehen ineinander über. Die Situation (ist) wie unter den Ast- und Blätterdecken eines Waldes.«[2]

Sich in die Umgebung einfügen. Die Gebäude des Büros Behnisch & Partner versuchen in keinem Falle ihre Umgebung zu beherrschen, sei diese natürlich oder erbaut. Große Projekte – wie zum Beispiel die Fritz-Erler-Schule in Pforzheim (1976) – werden unterteilt in kleinere Einheiten. Ihnen ist so ein menschlicher Maßstab zu eigen, und sie fügen sich einfacher den Nachbargebäuden ein. Viele Projekte sitzen tief im Gelände und passen sich so leichter ihrer natürlichen Umgebung an. Behnisch und seine Mitarbeiter haben nie aufwendige Bauten einfach auf vorhandene Plätze gesetzt. Statt dessen fügen sich Gebäude und Gelände zueinander. Weit ausladende Dächer leiten über zu Bäumen, Erde oder Himmel. Die Wände ›atmen‹: sie sind teilweise oder völlig verglast, um Garten, Sonne und Wolken einzulassen oder zu spiegeln. Die Grenzen zwischen innen und außen sind oftmals sehr feinsinnig.

Wenn man bequem in einem der Rohrsessel des kleinen Wintergartens oder in einer der ›Carrels‹ der Universitätsbibliothek in Eichstätt (1987) sitzt, fühlt man sich so, als wäre man am Ufer der Altmühl. Sitzt man an einem der Schreibtische in einem Zimmer des Evangelischen Bildungszentrums in Stuttgart-Birkach (1979), meint man, die Birnbäume des Gartens berühren zu können.

Die Natur achten. Günter Behnisch gefällt es, wenn sich seine Bauten durch die Natur im Rhythmus der Jahreszeiten und im Laufe der Jahre verändern. Sorgfältig wählt er die günstigste Orientierung und die interessanteste Aussicht aus. Er versucht die vorhandenen Bäume zu erhalten. Oftmals haben sie sogar entscheidenden Einfluß auf die Entwurfsplanung.

Auf dem Gelände für das Postmuseum in Frankfurt (1990) standen die schönsten Bäume am Rande des Gartens, zwischen Grundstücksgrenze und Außenwand des tiefliegenden Ausstellungsgeschosses. Um die Bäume zu erhalten, mußten ihre Wurzeln durch ›Beulen‹ in den Außenwänden der Untergeschosse geschützt werden. Diese ›Beulen‹, verstärkt und verbunden mit den an diesen Stellen geschaffenen Quellen natürlichen Lichtes, bereichern heute den Raum der Ausstellungshalle. Eine große Platane wurde so zu einem bedeutenden Element des Postmuseums.

Das Lieblingsprojekt von Günter Behnisch? Es ist wohl das Bildungszentrum der Evangelischen Landeskirche Württemberg in Birkach, »wegen des alten Birnbaums im Garten des Gebäudes und des üppigen wilden Weines«.

Die künftigen Nutzer zu Wort kommen lassen. Von der ersten Entwurfsphase an gehen Behnisch und seine Kollegen auf die Intentionen der Bauherren und der künftigen Nutzer ein: sie richten sich nach deren Alter, deren Wünschen sowie deren sozialen Status, und sie verwenden ihnen vertraute Materialien.

»Können wir mit Architektur das Problem Altenheim (und insbesondere Altenpflegeheim) verkleinern?«[3] – Dieser Ansatz von Günter Behnisch wurde zum Leitmotiv für die Architekten des Altenpflegeheims der August-Kayser-Stiftung in Pforzheim (1982). Wer dieses Altenheim besichtigt, weiß wohl, daß die Probleme der alten Menschen auch von der besten architektonischen Konzeption nicht gelöst werden können, aber er spürt, daß hier zumindest die Atmosphäre heiterer ist als anderswo.

Die Zimmer sind hell, angenehm und haben große Balkone; die Aufenthaltsräume sind großzügig, freundlich und vom Sonnenlicht erhellt. Dunkle Gänge gibt es keine: das Gebäude ordnet sich um einen zentralen Innenhof (Abb. 3). So entstehen natürlich beleuchtete und transparente Flure und Treppenhäuser. An Details wie Schaukästen für Handarbeiten, an gemütlich eingerichteten Ecken für Gespräche in kleinen Gruppen wird erkennbar, wieviel Aufmerksamkeit die Architekten den alten und oftmals leidenden Menschen geschenkt haben.

Das Individuum achten. Das Büro Behnisch & Partner hat 1983 in Stuttgart ein Verwaltungsgebäude für das Diakonische Werk der Evangelischen Landeskirche Württemberg gebaut. Die Diakonie sorgt sich um Kinder, alte Menschen, Behinderte, Drogensüchtige und andere schwächere Gruppen unserer Gesellschaft. Diese Aufgaben spiegeln sich in der Art des Gebäudes wider. Ansprechende, freundliche Räume wurden geschaffen und einfache Materialien und Konstruktionen benutzt. In dem zentralen Innenhof – der einem ›Urwald‹ ähnelt – oder unter dem großen Glasdach der Cafeteria können sich diese Menschen wohlfühlen (Abb. 4).

»Alles was klein, unorganisiert, schwach, individuell ist, sollten wir unterstützen.«[4]

3 Altenpflegeheim August-
Kayser-Stiftung, Pforzheim
4 Cafeteria, Diakonisches
Werk der Evangelischen
Kirche in Württemberg e.V.,
Herbert-Keller-Haus,
Stuttgart
5 Albert-Schweitzer-Schule,
Bad Rappenau

4

5

Die Kinder sind die Könige. Als ersten Bau des Büros —
aus der Zeit von Behnisch und Lambart — entstand eine
Handelsschule in Schwäbisch Gmünd (1954). Von der
Staatlichen Ingenieurschule in Ulm (1962), die aus
Betonfertigteilen gebaut wurde, bis zum Kindergarten
Stuttgart-Luginsland (1989) in Form eines Schiffes
haben Behnisch und seine Mitarbeiter eine ganze Skala
möglicher Schulbauten ausgeführt.

Bei ihrem letzten Bau, der Albert-Schweitzer-Sonder-
schule in Bad Rappenau (1991), findet man all die
Besonderheiten wieder, welche die Schulgebäude dieses Büros kennzeichnen (Abb. 5). Der Bau ist den
Wünschen und Bedürfnissen der Kinder angepaßt: Viel-
falt der Farben und Materialien, frei gestaltete Räume, in
Form und Ausrichtung individuell gestaltete Klassen.
Das entspannt wirkende Gebäude ist eingebettet in die
Topographie des Geländes. Es öffnet sich nach außen
hin: Dach und Wände sind weit gestreckt, um sich so in
die Umgebung einzupassen. Es entstehen damit zum
Außenbereich hin interessante Pufferzonen. Im Inneren
fühlt man sich unbedrängt in hellen und großzügigen
Räumen, die Platz lassen für kleine Nischen, so wie
Kinder dies gerne mögen.

Sonderschulen sind oftmals in schäbigen Gebäuden
untergebracht. Die Albert-Schweitzer-Schule jedoch
wurde von Architekten entworfen, die die Bedürfnisse
der Schüler ernst nehmen und die Erfahrungen der
Lehrer berücksichtigen. Erst vor wenigen Monaten
wurde diese Schule eingeweiht. Der Einfluß der fröh-
lichen und farbigen Räumlichkeiten macht sich aber
schon bemerkbar. Nach und nach steigt das Selbstwert-
gefühl der Kinder, vor allem seit die Schüler der gegenüberliegenden Grundschule sie um ihre schöne Schule
beneiden. Sie sind so stolz, daß sie ein Bild an die
Eingangstüre hefteten, mit der Aufschrift: »Wir sind sehr
glücklich in unserer neuen Schule.«

Eine erneuernde Architektur. Günter Behnisch sehnt
sich nicht nach der Vergangenheit zurück und verwendet
zeitgemäße Materialien und Techniken. Nachdem er in
den sechziger Jahren ausführlich Rohbeton und Fertig-

teile benützte — Experimente, de en Schwächen er
eingesteht — baut er heute mehr und mehr mit Stahl.
Dadurch kann er eine leichtere und filigranere Architektur mit außerordentlich dünnen Dächern schaffen.

Behnisch überläßt anderen die Freude am Bauen mit
Marmor: »Wir nehmen das Material mit dem auch das
Volk bauen muß, und versuchen damit gute Architektur
zu machen«. Auch aus diesem Grund hat seine Architektur mehr als andere die Bezeichnung ›erneuernde Architektur‹ verdient.

Behnisch und seine Mitarbeiter sind oft ganz an der
Spitze des technischen Fortschritts. Sie geben sich nicht
damit zufrieden, sich der neuesten technischen Errungenschaften zu bedienen, sondern sie tragen auch zu
deren Entwicklung bei. Die Überdachung der Münchner
Olympiasportstätten ist das bekannteste Beispiel für
solches Bemühen, aber ebenso könnte man auf neuere
Bauten verweisen, wie zum Beispiel das Frankfurter
Postmuseum. Mit der halbrunden Glashaut, die viel Licht
in die Ausstellungshalle dieses Museums gelangen läßt,
hat Günter Behnisch ganzen Generationen von Architek-
turstudenten Genugtuung verschafft. An der Ecole des
Beaux-Arts in Paris wurden vor zehn Jahren Entwürfe,
die solche ›architektonischen Gesten‹ ausdrückten, von
den Professoren unweigerlich verworfen. Günter Behnisch verstand es, das Unmögliche möglich zu machen
und noch dazu auf eine elegante, wie selbstverständlich
wirkende Art. Das ist die Kunst: eine Glanzleistung zu
vollbringen und dabei den Eindruck zu vermitteln, das
Ganze bereite keinerlei Schwierigkeiten.

Vielfältigkeit in der Einheit. Zwischen der Starrheit der
modernen Architektur und dem Chaos des Dekonstruktivismus fehlte bislang eine Synthese in Form von ›Vielfältigkeit in der Einheit‹. Das Hysolar-Institut in Stuttgart-Vaihingen (1987) und die jüngsten Projekte von
Behnisch & Partner haben gezeigt, daß diese Herausforderung erfolgreich gemeistert werden kann.

In diesen Bauten werden je nach architektonischem oder
technischem Bedarf die Außenwände aus Beton, Holz,
Stahlblech oder anderen Materialien realisiert; in den

Innenräumen gibt es Pfosten und Wände aus Stahlbeton, Trennwände und Türen aus Holz, tragende Teile und Geländer aus Metall. Die unterschiedlichsten Materialien und Konstruktionen werden fachgemäß verwendet und fügen sich zusammen. Riesige Glaswände mit extrem feiner Struktur zwischen Innen- und Außenraum sind ein Merkmal dieser offenen, einladenden Architektur. Sie sind je nach Bedarf durch Vorhänge, Rollos, Markisen, Jalousien oder Rolläden geschützt. Die Ungezwungenheit, in der die unterschiedlichen Materialien und Konstruktionen den eigenen Gesetzen folgend Gestalt annehmen können, ist allen Teilen eigen.

Die Geländer der Universitätsbibliothek in Eichstätt sind ein gutes Beispiel für das Bemühen der Architekten, Ausgewogenheit zwischen der Monotonie und der ›Collage‹ herzustellen. Eine einzige Farbe – weiß – und ein ›Hauptmaterial‹ – Metall – schaffen die Einheitlichkeit. Großer Einfallsreichtum bei der Wahl der Form und Gestalt – horizontale, vertikale oder schräge Stäbe, Lochblech und so weiter – sowie die gelegentliche Kombination mit Handläufen aus Holz oder Geländerfüllungen aus Glasplatten schaffen Vielfalt. Diese Vielfalt fällt kaum auf, sie prägt jedoch die Atmosphäre des Ganzen.

»Vielfalt, das ist nicht das Viele, was ja recht willkürlich sein kann. Vielfalt ist mehr: Vielfalt beinhaltet Einheit.«[5]

Die Poesie des Überflüssigen. Die Bauten von Behnisch & Partner zeichnen sich durch die Klarheit ihrer Grundrisse, durch geschickt gewählte technische Lösungen, sorgfältig ausgewählte Inneneinrichtungen und differenzierte Gestaltung aus. Diese offensichtlichen Qualitäten würden ausreichen, um diese Bauten zu guter Architektur zu machen. Zudem gibt es aber noch eine poetische Dimension, die diese Architektur bereichert und besonders interessant macht – vor allem im Vergleich zu der eher steifen und strengen heutigen internationalen Architektur. Diese Bauten, die bis in kleinste Einzelheiten durchdacht sind, werden formal nicht verschlossen und lassen doch Raum für eigene Träume. Nichts bleibt hier dem Zufall überlassen, aber manches sieht absichtlich eher zufällig aus. Der Schein der Perfektion wird auf diese Weise vermieden.

Das Werk von Behnisch & Partner ist zwar in sich stimmig, beruht jedoch niemals auf einem starren System. Es ist vollkommen eigenständig und zeichnet sich durch scheinbare Schlichtheit aus. Es ist, wie seine Schöpfer, sympathisch und niemals anmaßend. Eingeengt von wirtschaftlichen und technischen Problemen und all den Sorgen, die Architekten eben kennen, nehmen sich die Planer des Büros die Zeit, an ›kleine Freundlichkeiten‹ zu denken. Vor der Universitätsbibliothek in Eichstätt wächst eine Wiese (Abb. 6). Im April blühen hier gelbe, im Juni blaue Blumen. Dieses Gelb und Blau findet sich in den Markisen vor den Fenstern wieder. Das ist kein Zufall!

Im gesamten Werk Behnischs sind poetische Aspekte zu finden, selbst in den von fortschrittlichster Technik geprägten Arbeiten. Techniken, die durchaus auch

6

eigene Gesetze haben, sind Teile der Architektur, sie beherrschen sie aber nicht. Schon im Wettbewerbsentwurf für die Olympischen Spiele in München war alles angelegt, was diesen Park mit seinen Sportstätten noch heute auszeichnet. Die Landschaft wurde zusammen mit Günther Grzimek gestaltet. Die Vorstellungen und Ideen aus dem Bereich der Architektur wurden dank einer technischen Glanzleistung von Frei Otto, Leonhard und Andrä und besonders von dem Projektingenieur Jörg Schlaich zum Leben erweckt. Den ›Traum‹ jedoch hatte Günter Behnisch.

Demokratische Architektur. Kindergärten, Schulen, Sporthallen, Altersheime – Behnisch & Partner haben vorwiegend an sozialen Bauten gearbeitet. Sie haben zudem die beiden umfangreichsten und in den letzten zwanzig Jahren für Deutschland symbolträchtigsten Großaufträge erhalten: den Olympiapark in München und den Bundestag in Bonn. Nach zwei Jahrzehnten des Hin- und Herüberlegens, der Debatten, des Zögerns und mehrerer städtebaulicher und architektonischer Wettbewerbe, haben sich die verantwortlichen Politiker 1987 entschlossen, den Bau, in dem seit 1948 das Parlament tagte, neu zu gestalten. Im Programm: ein neuer Plenarsaal, an der Stelle des früheren, ausgestattet mit den neuesten technischen Errungenschaften; ein Präsidialbau für die Bundestagspräsidentin und die Vizepräsidenten; eine Eingangshalle und ein Restaurant, die sowohl den Abgeordneten als auch den Besuchern zugänglich sein sollen; die Renovierung der Parlamentsräume, die in den unter Denkmalschutz stehenden alten Gebäuden untergebracht sind.

Der Parlamentsbau, der kommenden Oktober eingeweiht werden soll, wird den Ansprüchen der Bauherren gerecht; andererseits folgt dieser Bau dezidierten architektonischen Vorstellungen und Erfahrungen. Die wünschenswerte Transparenz der parlamentarischen Arbeit findet sich in zweierlei Hinsicht im Gebäude wieder: real, wenn das Gebäude durchlässig, jedenfalls nicht verschlossen und abweisend erscheint, und im Charakter des Gebäudes, das sich den anderen gegenüber öffnet.

6 Zentralbibliothek der Katholischen Universität Eichstätt

Die Parlamentarier, die im früheren Plenarsaal frontal der Regierung gegenüber aufgereiht saßen, werden nun mit allen im Kreis sitzen. In dieser neuen Anordnung soll das Gespräch miteinander leichter werden und dadurch ein Debattenparlament entstehen.

Das neue Parlament entstand in einem Gefüge vorhandener Bauten. In diesem Rahmen beweist der Bau durchaus seine Individualität, drängt das Bestehende jedoch nicht in den Hintergrund. Sein Raffinement zeigt sich nicht in Vergoldungen oder exklusiven Materialien, es entsteht vielmehr durch innovative architektonische und technische Lösungen. Der Plenarsaal ist über die gläserne Außenhaut und über ein großes Glasdach von natürlichem Licht durchflutet; ein ausgeklügeltes System von Glasprismen, Spiegeln, Metallelementen und ein automatisch betriebener Mechanismus steuern und filtern das einfallende Licht.

Man muß erkennen, daß ein Parlamentsbau für die gewählten Vertreter des Volkes errichtet wird, aber auch für eine politische Elite. Es läge nahe, die hier konzentrierte Macht in Architektur darzustellen. Dies wurde vermieden. Ein öffentliches, zeitgemäßes und elegantes Gebäude ist entstanden; ein Prestigebau in demokratischer Gestalt.

Eine Hoffnung für junge Architekten. Studenten und junge Architekten suchen nach Vorbildern. Sie erkennen die Schwächen der ›Großen‹ der modernen Architektur und vor allem die Schwächen dessen, was man seit sechzig Jahren in deren Namen gebaut hat. Sie wissen, daß eine triste, graue und monotone Umgebung die in benachteiligten Wohngebieten um sich greifenden Gewaltanwendungen nicht entschuldigt; sie können jedoch den Überdruß, den sie hervorruft, verstehen. Von dieser strengen und kalten Architektur wollen unsere Mitmenschen nicht mehr viel wissen.

Postmoderne, Neoklassizismus, Dekonstruktivismus waren zukunftslose Modeströmungen. Sie wirken vor allem zu unnatürlich, um jungen Achitekten auf der Suche nach neuen Idealen zu genügen. Günter Behnisch hat besser als andere die Bedürfnisse einer Generation erkannt, die die scheinbare Perfektion ablehnt und sich nach Großzügigkeit, Phantasie, Elan und Farbigkeit sehnt.

Seine Bauten, die einladend, offen und licht sind, schenken neue Hoffnung und neue Motivation.

(Aus dem Französischen übersetzt von Charlotte Matthiessen)

1 Günter Behnisch, in:
Eine Weihnachtsbroschüre des
Alten- und Pflegeheim Reutlingen, Reutlingen 1977, S. 19
2 Günter Behnisch, in:
Bauen und Wohnen, 11/1977,
S. 410
3 Günter Behnisch, in:
Deutsche Bauzeitung, 11/1985,
S. 13
4 Günter Behnisch, in:
Baumeister 3/1977, S. 246
5 Günter Behnisch, in:
Deutsche Bauzeitung, 3/1982,
S. 22

Gedanken zur Gestaltung der Olympialandschaft

1 Olympiapark, München
 See
2 Bodenmodulation,
 Weggestaltung

Selten hat mir eine Arbeit so viel Spaß gemacht wie die Gestaltung des Olympiaparks in München (Abb. 1–10). Ich hatte den Wettbewerb nicht mitgemacht. Die Konzeption, die mit dem 1. Preis ausgezeichnet wurde, stammte aus dem Büro Behnisch & Partner.

Günter Behnisch bat mich, alle Freiflächen zu planen und deren Ausbau anzuleiten mit dem Hinweis auf deren Wichtigkeit für das Gesamtkonzept. Er riet mir, eine junge Mannschaft zusammenzustellen. Das tat ich! An die Spitze des Entwurfsteams stellte ich den jungen Peter Prinz, einen Absolventen meines Lehrstuhls in Kassel.

Ich traf damals in Günter Behnisch und seinem Team auf Architekten als Partner, die das natürlich Gewachsene, also beispielsweise die Bäume, so schön und so wichtig nahmen wie die Sporthallen und das Stadion. Sie redeten nicht nur so, als wenn es so wäre, sondern hatten eine entsprechende Idee entwickelt, die für uns Landschafter ideale Voraussetzungen für die Gestaltung einer artifiziellen Landschaft schuf.

Die Sporthalle, die Schwimmhalle, das Stadion und die Aufwärmhalle wurden ›in den Boden gedrückt‹ und so zu einem Teil des Grünen — also zu einem Teil der Landschaft. Diese selbst war nicht wie in den meisten architektonisch bestimmten Beispielen als ›Restfläche‹ übriggeblieben, oder sie mußte sich nicht als selbständiger Park neben den Gebäuden, die oft monumental aufgefaßt waren wie das Stadion von Prof. March in Berlin, dem Gebauten gegenüber behaupten.

Von weitem waren die Bäume zu sehen und das alle wichtigen Sportbauten überspannende Zeltdach. Der Sport war a so nur ein Ereignis in einer Landschaft, das Tage dauerte und das verging. Übrig blieb eine für alle Bewohner der Stadt gestaltete und eingerichtete Landschaft. Das Zeltdach erinnerte wie ein Zirkuszelt an dieses vorübergehende Ereignis. Dabei wurde das Dach von den Bäumen ergänzt, die es mit ihrem schirmartigen Kronendach vielfach abschlossen oder weiterführten. Die Sporthallen waren in ihrer Funktion als Halle eine Art von ›Klimahülle‹, nach außen also weitgehend unsichtbar und stark reduziert zugunsten eines Landschaftsreliefs, das Baum, Strauch und Rasen beziehungsweise Wiesenflächen zum wahrnehmbaren Park machte.

Es lag also eine Konzeption vor, die die Freiflächen mit den Sportbauten wechselseitig so integrierte, daß es praktisch und bildlich keine Trennung von Architektur und Landschaft gab. Beide gingen ineinander über. Das galt auch für das Relief, den Himmel und den See.

Architekt und Landschaftsarchitekt mußten deshalb eng zusammenarbeiten. Das taten sie auch, zumal unsere Büros nebeneinander auf dem Gelände des Parks lagen, und Behnisch und ich seit Jahren befreundet waren. Der Bauherr, vertreten durch den mit eigenen Vorstellungen und Erwartungen geprägten Willi Daume, Leiter des nationalen Olympischen Komitees, hatte für den Wettbewerb eine Formel entwickelt, die diese Konzeption unterstützte. Zusammen mit den Vorstellungen des Architektenteams ergab sich ein Motto, das folgender-

2

maßen lautete: »Olympiade im Grünen, Olympiade der kurzen Wege, Olympiade des Sports und der Musen«.

Nach diesen Stichworten stellten wir unseren Entwurf auf. Man sieht, es waren mehrere Personen, die in unterschiedlichen Funktionen wirkten und die im gleichen Sinn dachten und das Programm bestimmten. Wir schufen in der Planung eine unkonventionelle Landschaft, die aus unseren Bedürfnissen und Erkenntnissen geschaffen war. Das war möglich, weil wir einen idealen Bauherrn hatten und als Partner Hochbau-Architekten, die mit uns Landschaftsarchitekten eng zusammenwirkten.

Auch die Ausführung der Planung durch die Stadtgartendirektion war ein besonders glücklicher Umstand. Herr Höllerer, der frühere Gartendirektor der Stadt München, mit dem ich ein sehr persönliches Gespräch führte, empfahl mir seine Mannschaft mit den Worten: Nicht der einzelne sei großartig, aber die gesamte Mannschaft sei unersetzbar. So konnte ich, der München gar nicht kannte, die Ortskenntnis und die spezielle Erfahrung des Teams der Gartendirektion auswerten und hatte in der kurzen Zeit von 1968 bis 1972, in der wir tätig waren, kaum Schwierigkeiten mit der Planung und gleichzeitigen Ausführung. Mit der Realisierung schon deshalb nicht, weil die Gartendirektion mit dem damaligen Gartendirektor Wurzer meine Vorstellungen verstand und unterstützte. Das war um so wichtiger, als wir Landschaftsarchitekten darauf angewiesen sind, daß die Pflegemaßnahmen, die in diesem Fall nach der Olympiade das Image der Landschaft auf Jahrzehnte prägen würden, von einer Instanz bestimmt werden, die die Disposition der Planung und Ausführung verstanden hatte und unterstützte.

Die Vorgaben des Wettbewerbsentwurfes für Berg, See, Dämme und das Dach blieben erhalten und mußten nun verdeutlicht und mit der Benutzbarkeit abgestimmt werden. Es mußte also ein Entwurf für die Freiflächen aufgestellt werden, der das Nachdenken und die Erfah-

3

Olympiapark, München
 1 Stadion
 2 Sporthalle
 3 Schwimmhalle
 4 Eissporthalle
 5 Radrennbahn
 6 Aufwärmhalle
 7 See
 8 Berg
 9 Dämme
10 Olympisches Dorf—Frauen
11 Olympisches Dorf—Männer
12 Zentrale Hochschulsport-
    anlage
13 Provisorische Hockey-
    anlage
14 Pressestadt
15 S-Bahnhof
16 U-Bahnhof
17 Straßenbahnenschleife
18 Restaurant
19 Ländliche Verpflegung
20 Kioskpulk
21 Parkplatz
22 Parkhaus

riellen Vorteil gehen. Die Erde, auf der sich das Leben abspielt, ist klein im All und in ihrem biologischen Potential begrenzt. Der Mensch muß dieses biologische Potential vorsichtig benutzen – möglichst fördern –, auf keinen Fall wie ein Parasit zu seinen Gunsten verbrauchen. Mit solchen Gedanken ist der Olympiapark geplant und gebaut worden.

Zunächst sollen hier die Wege und Plätze besprochen werden, die eine Voraussetzung für die Planung und ihre Ausführung sind. Dann wird über die Vegetation nachgedacht und schließlich über das Relief und die Landschaftselemente. Einer der Komplexe, die zu entwerfen waren, waren die Wege mit ihren unterschiedlichen Problemen. So war das Stadion für 80 000 Besucher ausgelegt. Die Forderung der für die Sicherheit zuständigen Behörden zur Entleerung des Stadions nach einer Veranstaltung betrug pro Person 0,7 Meter pro Sekunde, um Paniken entgegenzuwirken. Wir sollten breite Wege bauen, um Straßenbahn, U-Bahn, Stadtbahn, Omnibus und Parkplatz durch die Benutzer des Stadions gleichzeitig erreichbar zu machen. Die von der Behörde zunächst mit 40 Meter Breite geforderte Überbrückung des Petuelringes, des Mittleren Ringes, für Autos wurde in zähen Verhandlungen auf nur 23 Meter Breite reduziert. Und da, wo Wege auf den Dämmen, dem Berg und um den See gebaut wurden, spalteten wir diese in einen Hauptweg mit rund 5 Meter Breite und ein delta-ähnliches Geflecht von schmaleren Wegen auf, die alle in die gleiche Richtung zum gleichen Ziel führten und die von Rasenflächen begleitet wurden (Abb. 6–9). So konnten wir den Gigantismus auf ein menschliches Maß zurückführen.

Da die Rasenflächen auf einer Kiesunterlage aufbauten, hielten sie eine kurzfristige Belastung durch Fußgänger aus. Der Vorteil war der, daß bei Großveranstaltungen Wege und Rasenflächen die 80 000 Menschen aufteilten, die das Stadion verließen, daß andererseits die normale extensive Benutzung in den Vormittagsstunden für Erwachsene mit Kinderwagen, überhaupt für Kinder oder ältere Menschen, auf angenehm schmalen Wegen stattfinden konnte. Schrecklich wäre es gewesen, wenn diese auf 40 Meter breiten Aufmarschstraßen ihre ›Erholung‹ hätten suchen müssen.

Diese Wege wurden nirgends waagerecht oder eben ausgeführt. Menschen fühlen sich gut, wenn sie mit geringen Steigungen und geringem Gefälle, von 1 % bis 3 % etwa, auf Wegen gehen können, von denen sie gar nicht merken, daß diese deshalb so erholsam und angenehm sind, weil sie leicht fallen oder ansteigen. Trotz der relativ großen Entfernungen sind sie nirgends langweilig oder anstrengend. Auch ihre Breite war dem Menschen angemessen. Wir gingen davon aus, daß ein einzelner Mensch 0,75 Meter breite Wege braucht. Bei Wegen bis zu 5 Meter Breite können sich Menschen also begegnen und so bewegen, daß sie sich nicht stören.

Der Trampelweg ist als Entwurfselement legitim geworden. Er muß nur 0,35 Meter im Mittel breit sein und er verläuft – wie das Wasser – in einer Hohlkehle oder auf

rung über das ›Öffentliche Grün‹ und die anonym benutzten Grün- und Erholungsräume in einer Großstadt so löste, daß dieser neue Park kein ›Museum‹ würde, sondern auf lange Zeit, nach der sportlichen Großveranstaltung der Olympiade, dem Bürger und seinen Gästen zur Verfügung stand.

Aus der Fülle der Einzelüberlegungen will ich hier ein paar Komplexe auswählen und etwas näher darstellen, um so die Besonderheit des Olympiaparks auch intellektuell zu begründen. Diese baute auf den Traditionen der Elemente der ehemals ›Gartenkunst‹ genannten Gartenarchitektur auf. Aber der durch das Auto erzwungene Bewegungsmangel des Menschen bestimmte, wie die Freiheit einer Demokratie, die sich Regeln setzt, diese Demokratie und Regeln neu. Wenn wir von Ökologie reden, so tun wir das nur deshalb, weil wir den Menschen in das Ökologiebewußtsein einbeziehen wollen. Zugleich sind Pflanze, Tier und Klima sowie die Reliefenergie zu entscheidenden Partnern des Menschen geworden.

Der moderne Mensch kann diese Landschaft benutzen wie Pflanze und Tier. Er muß sich Regeln setzen, die er in Selbstbescheidung einhält und die gegen seinen mate-

Günther Grzimek

4

5

einem Grat, der eine Wasserscheide sein könnte. Oder er zieht sich in Serpentinen am Hang auf- beziehungsweise abwärts.

Unter Wegen sei hier das verstanden, was sie schon immer waren, nämlich eine feste Fläche, die sich von dem umgebenden pflanzlichen, also grünen Bereich abhebt. – Der Weg muß dem Urinstinkt des Menschen folgen. Die Fußgängerwege sind dadurch ausgezeichnet, daß diese so verlaufen, daß der Benutzer auch so gegangen wäre, wenn der Weg nicht da gewesen wäre. Der Fußgänger verhält sich dabei so, wie das Relief es ihm ›befiehlt‹. Das heißt, wir können umgekehrt das Relief so ausbilden, daß es für den Fußgänger angenehm ist, einem Weg zu folgen. Ja, der Fußgänger kann gar nicht anders gehen als so, wie es ihm der Weg vorgemacht hat. Deshalb können und müssen wir Wege einfügen, wenn wir eine Anlage zu planen haben.

Bäume sollten für einen bestimmten Standort signifikant sein (Abb. 4). Wir meinten damit nicht nur Boden und Klima, die stimmen mußten, sondern auch und vor allem eine für das Wohlbefinden des Menschen geplante Landschaft, in der die Bäume eine Zeigerfunktion für deren Inhalt hatten. So waren alle Zugänge zum Olympischen Zentrum durch die Linde gekennzeichnet, ob diese entlang der Wege vom U-Bahnhof, vom S-Bahnhof, von der Straßenbahn oder an den Wegen der Parkplätze für den Individualverkehr standen. Immer war es die Linde, die die Zugänge markierte.

Auch die Anordnung der Bäume war unterschiedlich. So pflanzten wir die Linden auf den Zugängen zum Zentrum im Raster mit einem Abstand von 7,5 Meter oder 15 Meter, je nachdem ob eine dichte, schattige Stellung der Bäume beabsichtigt war oder ein weiterer Abstand, der das Relief zeigte und die Sonne durchließ. So waren Licht und Schatten auf den Wegen ein wichtiges Planungsziel.

Die Linden wurden in Reihung, also in Nord-Süd- und Ost-West-Richtung angeordnet. Das geometrische Muster entsprach der barocken Allee, die im alten München auch aus Linden bestanden hatte. Allerdings war das Relief, auf dem die Linden standen, gegenüber dem barocken System frei – also ungebunden. Obwohl die Linden im Raster (Abb. 5) standen, war diese Ordnung kaum abzulesen. Das kam wie bereits angedeutet daher, daß die Bäume dem Relief folgten und ihre Abstände wie ihre seitliche Begrenzung unterschiedlich waren. Nur dem Grundmaß mußten sie folgen. Unser Konzept war auch hier: eine Regel einzuhalten bei größtmöglicher Freiheit im Detail.

Für unser Planungsteam war es aus verschiedenen Gründen klar, daß wir am Wasser ausschließlich Silberweide pflanzen würden. Diese wuchs in München an der Isar, wie es heißt, autochthon (von Natur aus) und hatte silbriges Laub. Am Berg siedelten wir die Kriechkiefer an, auf den Parkplätzen Ahorn und Esche. Letztere helfen am besten, den Honigtau zu vermeiden, der Pkw-Dächer verschandelt. – Auch hier eine beabsichtigte Konsequenz bei der wechselseitigen Zuordnung, bei der sich zugleich eine wohltuende Harmonie ergab.

Der Kies, auf dem wir die Landschaft bauten, hatte den Vorteil, daß er luftdurchlässig war. Auch bei Einsatz von Planierraupen verdichtete er sich nicht, wie das bei lehmigem Boden zum Nachteil für die Pflanzung vielfach passiert. Wir konnten das Relief verändern und Berge bewegen, gerade so wie es sinnvoll erschien, ohne daß die Vegetation darauf nachteilig reagierte.

Die Hauptwege wurden mit einer ›Kiesmastixdecke‹ dafür eingerichtet, daß sie belastbar, also befahrbar wurden. Der Kiesmastix ist eine Entwicklung, die wir im Olympiapark vornahmen – wie das Design für die gebogene Drahtbank. Das Bitumen umschließt das Korn nicht, sondern läßt ihm seine ursprüngliche Färbung. Das heißt, die Wege sahen oder sollten doch so aussehen wie die wassergebundenen Nebenwege, die aus dem gleichen Korn gebaut wurden. Dennoch waren diese Hauptwege durch Bitumen gebunden.

6

7

8

9

Ebenfalls neu war die Drahtbank, die bewußt von der geraden Parkbank abweicht, auf der die Menschen nebeneinander sitzen müssen. Mit ihr hatten wir die Absicht der gegenseitigen Zuwendung der sie benutzenden Menschen bei gleichzeitiger Durchlässigkeit für Licht und Wasser auf den Boden. Wir konnten diese Bänke am besten auf Kufen auf den Rasen stellen, so daß dieser trotzdem wachsen konnte.

Aber zurück zur Vegetation. Ich will versuchen, den Unterschied von Rasenflächen zur Wiese aufzuzeigen, obwohl dieser Unterschied als bekannt vorausgesetzt wird. Also kurz: Der Rasen kann begangen werden. Es ergibt sich ein neues, meist unbekanntes Gehgefühl. So ist der Rasen für den Fußgänger nicht durch Kanten begrenzt. Dieser taumelt also ohne Führungslinie über die Fläche. Er kann sich fallen lassen und frei lagern, kann spielen, laufen, springen. Der Rasen reagiert elastisch. Er erhöht die Freiheit des in der Stadt unterprivilegierten Bewohners (Abb. 10).

Anders bei der Wiese. Sie kann durch Trampelwege (es gibt bisher kein besseres Wort) für den Menschen erschlossen werden. Sie besteht aus Gräsern, die blühen, und aus Blütenpflanzen, die empfindlich sind. Die Wiese kann an Böschungen eine große Menge an Vegetationsfläche erzeugen. Sie kann Farbe und eine andere Struktur, als es der Rasen hat, ins Ensemble des Grüns bringen. Eine Wiese ist mager und niedrig. Sie kann aber auch mastig und hoch sein. Ein liegender Mensch ist dann kaum zu sehen.

So disponierten wir auch auf dem Oberwiesenfeld im Olympiapark. Der 62 Meter hohe Berg nahm wie die Dämme an den Hängen die Wiese auf. Sie war zweimähdig und durfte blühen. Auch war sie für jene Tiere erdacht, die eine Wiese bevölkern: Käfer, Kriechtiere, Bodenbrüter und andere. Auf den ebenen Flächen war der Rasen angesiedelt. Er sollte als Aufforderung aussagen: Bitte betreten. Auch hier hatte das Relief Folgen für die Planung, wie bei den Wegen.

Die Signifikanz der Serienbäume – wie die Rasen- und Wiesenflächen – war aber nur der Rahmen für die pflanzlichen Einzelprägungen oder die pflanzlichen Gruppen von Gehölzen.

An markanten Positionen des Reliefs pflanzten wir besondere Einzelbäume, die als Individuen prägend waren. Das konnten Immergrüne sein, so zum Beispiel Kiefern, Hängeformen wie die Traueresche oder Pyramiden wie die Säuleneiche. Es konnten aber auch damals unbekannte Formen des fernen Ostens sein wie

10

der Ginkgo, der ein eigenartiges Wuchsbild zeigt und der zu den ältesten Bäumen der Erdgeschichte gehört.

Wir wollten eine Landschaft schaffen, bei der es nicht auf die weithin blühende und fruchtende Erscheinung von Gehölzen hinauslief, sondern auf eine Form des ›Grün in Grün‹, bei der es darauf ankam, daß die vielen ganz verschiedenen Grüntöne eine Einheit ergaben – vom Silbergrün der Silberweiden bis zum Dunkelgrün der Kiefern.

Damit aber das Frühjahr in der Stadt eingeläutet werden würde, pflanzten wir an die Hänge und Ränder des Berges und der Dämme viele weiß und rosa blühende, einfache und halbgefüllte Pflaumen- und Apfelbäume. Im Frühjahr ist diese Blüte in der Vegetation vorherrschend und bildbestimmend.

Auch die Wiesen ergaben nicht nur eine Textur, die unverwechselbar war, sondern boten auch Blüten in großer Ansammlung. Hier sollte es kein Verbrechen sein, Chrysanthemen zu pflücken, die mit dem Wiesensalbei und dem Wundklee eine Einheit bildeten, die naturnah war und die zugleich einen Schmuck bildete, der die ›Prachtstaude‹ entbehrlich erscheinen ließ. Auch die Gräserrispen waren schön. Es galt, sie neu zu entdecken.

So ist der Olympiapark in seiner Auffassung als Volkspark wie in seinen Einzelheiten eine Antwort auf unsere Zeit gewesen. Wir wollten nicht verschweigen, wo wir waren, wo und wie wir lebten. Dazu war die visuelle Kommunikation vom Berg zur Stadt und von den Dämmen zum Parkplatz und zum Mittleren Ring eines der wichtigen Planungsziele. Vom Fernsehturm konnten wir noch weiter ins Land schauen. Der Park ist zum Ensemble geworden – ein Stück München und ein Stück unserer Auffassung von einer humanen, aber durch Gesetz gebundenen Gesellschaft!

**6 bis 9 Olympiapark, München
Landschaftstypen
10 Terrassiertes Gelände
mit Treppen**

Wolfgang Pehnt **Die Freiheit der Dinge**

Wenn Günter Behnisch, dieser Architekt von sanftem, zähem Eigensinn, heftig wird, ist zu vermuten: es geht ihm um sein Thema. Sein Thema ist die Verteidigung des Individuellen, Schwachen gegen die Herrschaft der Apparate, gegen den Übermut der Ämter, gegen die Macht der Mächtigen. Architektur dagegen soll Spielräume eröffnen, Zwänge abbauen, Normen in Frage stellen, Hierarchien auflösen. Städtebauliche oder architektonische Herrschaftsformen verursachen ihm Alpträume. Die übertrieben lange Achse, die extreme Symmetrie, die lastende Schwere, die geschlossenen Systeme, die respektheischende Monumentalität der dreißiger Jahre sind für ihn traumatische Erfahrungen. Als sich die NS-Diktatur etablierte, war Behnisch elf Jahre alt. Den letzten Weltkrieg hat er noch als junger Offizier mitgemacht. So weiß er, wovon er spricht.

Daß einer, der den Liberalismus des Bauens vertritt, sich in einem Bundesland mit politisch liberaler Tradition niederließ, hat seine Richtigkeit. Der gebürtige Dresdener, der sich heute, nach dem Ende der DDR, als Gutachter und Juror auch in der alten Heimat engagiert, fand in Schwaben eine vertraut kleinteilige Landschaft vor. Weinberge (der Kindergarten in Stuttgart-Luginsland), Obstbaumwiesen (die Sporthalle bei Waiblingen, die Schule in Oppelsbohm, Abb. 2). Schafweiden (die Schulen in Lorch, Abb. 4) und Flußauen (die Halle in Sulzbach an der Murr, Abb. 7, die Universitätsbibliothek in Eichstätt) sind die Schauplätze und appellieren an Takt und Diskretion des Architekten. Behnisch & Partner haben auffällig oft in freien Landschaften gebaut oder dort, wo Stadt ins Offene übergeht und Architektur sich organisieren kann, ohne durch dichte Nachbarschaft behindert zu werden. Ihr größter Triumph war eine gebaute Landschaft, das Münchener Olympiagelände von 1972. Auf den neugeschaffenen Kuppen, an den Hängen und in den Mulden sollten Spiel und Muße wichtiger sein als die verbissenen Wettkampfrituale.

Stuttgart, der Sitz des partnerschaftlich organisierten Büros, ist für Behnisch ein bürgerlich bestimmter, in Spurenelementen sogar ländlicher Ort, begrenzt und durchzogen von Wald und Gärten. Das Stadttal mit seinen Windungen und Höhensprüngen erschwerte autoritative Gesten. Wer fortwährend Treppen – die Stuttgarter Staffeln – empor- oder herabsteigen muß, ist für den Marschrhythmus verdorben. Daß der einzigen historischen Innenstadtachse, der von König Wilhelm I. angelegten Königstraße, jeder monarchische Geist ausgetrieben wurde, dafür hat Behnisch selbst gesorgt. Als das Büro 1973 mit der Neugestaltung beauftragt wurde, zergliederte und unterteilte er den Fußgängerkorso mit versetzten Baumreihen, Brunnen, Pavillons und Pflasterungen so, daß die Straße als organisierendes Element der Innenstadt kaum noch erkennbar ist.

Die Tradition einer Architektur, die das fertige Bild hinter den Spuren des Werdens zurückstellt, war in Stuttgart schon vertreten, als Behnisch noch an der Technischen Hochschule studierte. Hugo Häring, der Fürsprecher eines organhaften Bauens, lehrte zwar nicht an der

2

Hochschule, war aber von ihr mit dem Ehrendoktorat ausgezeichnet. Härings Polemik gegen die »zwanghafte Geometrie« und für die »individuellen Wesenheiten«, gegen die »Gestaltmacht« und für den »Gestaltwillen« scheint sich in Behnischs Denken fortzusetzen. Aber auch der Diskant der fünfziger Jahre, ihre Schrägen, ihre Ornamentflächen, ihre fließenden Grundrisse, wie sie in Stuttgart Adolf Abels und Rolf Gutbrods Liederhalle kennzeichnen, machen sich in Behnischs jüngstem Werk wieder bemerkbar. Selbst ein Nierentisch verkörpert in seinen Augen Individualität und Offenheit, einen Überschuß an Gestaltungslust.

Was will der Raum von sich aus werden? Wie können wir den Dingen zu ihrem eigenen Wesen verhelfen? So wie Günter Behnisch haben auch andere Architekten in diesem Jahrhundert gefragt, obwohl die Antworten ganz unterschiedlich ausfielen: Frank Lloyd Wright, die Anthroposophen, Hugo Häring, Alvar Aalto, Louis Kahn. Behnisch hat Bundesgenossen akzeptiert, wo er sie fand, ob in der Feldtheorie Jan Mukalowskýs oder in der Ästhetik der deutschen Klassik. Mit Goethe möchte er um so stiller werden, je weiter er kommt, und warten »was sich in mir bildet«. Bei Schiller gilt eine Darstellung als »organisches Product«, wenn »nicht bloß das Ganze lebt, sondern auch die einzelnen Theile ihr eigenthümliches Leben haben«. Dagegen nennt der philosophierende Dichter jene Darstellung »ein mechanisches Werk, wo die Theile, leblos für sich selbst, dem Ganzen durch ihre Zusammenstimmung ein künstliches Leben ertheilen«.

Aber Schiller spricht (in den »Nothwendigen Grenzen des Schönen«) von der Darstellung durch Worte, während die Darstellung durch Architektur wie keine andere Kunstgattung von Notwendigkeit statt von Freiheit bestimmt ist. Daher muß bei Behnisch die Utopie einer Freiheit der Dinge eher Metapher sein als einlösbare Vision. »Räume« und »Dinge« entwerfen sich nicht selbst, sondern werden vom Menschen geschaffen.

3

4

5

6

Immerhin haben Behnisch und seine Kollegen Konsequenzen für die Arbeitspraxis gezogen. Mehr als andere Büros vermeiden sie frühzeitige Festlegungen, verzichten in Entwurfszeichnungen auf illusionistische Suggestion, halten Entscheidungen lange offen. Für Bauherren, denen Fristen, Kostenrahmen und Rechnungshöfe im Nacken sitzen, können solche Verfahren zur Geduldsprobe werden.

Seit den späteren achtziger Jahren hat die Entwicklung des Büros Behnisch eine überraschende Wendung genommen. In die feingliedrige Transparenz und dezente Zurückhaltung fuhr ein frischer und manchmal heftiger Wind. Behnisch & Partner setzten auf Risiko. Die stürzenden Linien und splitternden Flächen, die gewagten Material- und Strukturkombinationen sind den Mikado-Spielen jener Collagisten verwandt, die 1988 von den Ausstellungsmachern im New Yorker Museum of Modern Art auf den Namen ›Dekonstruktivisten‹ getauft worden waren. Das Hysolar-Institut (Abb. 3) auf dem Stuttgarter Hochschulcampus, eine deutsch-arabische Forschungseinrichtung zur Erforschung alternativer Energiequellen, wirkt wie eine Karambolage von Containern. Bei der Universitätsbibliothek Eichstätt prallen Lesesaal und Verwaltungsflügel konfliktreich aufeinan-

der. Im Stuttgarter Vorort Luginsland (Abb. 5, 6) geht das gebaute Dampferchen, entworfen und genutzt als Kindergarten, in den Rebhängen unter – oder steigt es aus ihnen auf? Mit einem Mal waren Behnisch & Partner, die sich spektakulärer, publizitätsfördernder Effekte enthalten hatten, umworbene Gäste in den internationalen Magazinen.

Bis zu einem gewissen Grad hing diese Dramatisierung mit der Aufnahme jüngerer Mitarbeiter ins Stuttgarter Team zusammen. Bei der liberalen Arbeitsphilosophie der Partnerschaft mußten ihre Neigungen in der gemeinsamen Produktion durchschlagen. Wer der Freiheit der Dinge das Wort redet, muß auch seinen Mitarbeitern Freiheit einräumen. Aber die jüngsten Bauten lassen auch die älteren in einem anderen Licht erscheinen. Nun erweist sich: das widerständige einzelne hatte sich auch zuvor schon weitgehender Unabhängigkeit erfreut. Als der Dekonstruktivismus noch nicht einmal ein Gerücht war, fuhren in Bauten wie der Lorcher Hauptschule (1980–1982) bereits die Gitterträger, Dachsparren und Klimarohre wie in heftigem Streit auseinander.

Die Lesbarkeit der Gestalt, in der die unterschiedenen Teile letztlich aufgefangen werden, komplizierte sich zusehends. Das nimmt Behnisch gelassen: »Die Welt

7 Sporthalle, Sulzbach

hält von sich aus zusammen«. Harmonie war den Stuttgartern bisher zwar als verordnetes Ziel suspekt, aber als erreichtes Ergebnis willkommen gewesen. Jetzt sind Reibung, Dissonanz, Störung zugelassen, bei freilich unterschiedlicher Konfliktbereitschaft. Wo Firmenrepräsentanz verlangt ist, beim Forschungsgebäude von Leybold-Heräus in Alzenau (Abb. 1) beispielsweise, oder die Darstellung staatlichen Handelns gefragt war (beim Deutschen Bundestag, der seinen Bonner Um- und Neubau in wenigen Jahren verlassen wird, obwohl er ihn noch gar nicht bezogen hat), legen auch die Behnisch-Leute ihren Details Zügel an.

Die langgehegte Theorie des Teams, die Behnisch überzeugend formulierte, als Sprecher seiner Kollegen wie als (inzwischen emeritierter) Darmstädter Hochschulprofessor, deckt auch die neue Entwicklung. Die emanzipierten Dinge werden, was sie wollen, und lassen sich nicht vorschreiben, was und wie sie es werden sollen. Zur Zeit scheint bei ihnen eher Widerspruch als Versöhnung angesagt zu sein.

Julius Posener **Bewegung und Raum: Das Frankfurter Postmuseum**

1 Deutsches Postmuseum,
  Frankfurt
2 Eingang von Osten

Es fällt mir nicht leicht, über Bauten von Günter Behnisch zu berichten, weil ich in einem so hohen Maße mit ihnen einverstanden bin. Lassen Sie mich kurz rekapitulieren: Wir haben in den frühen Jahren des Jahrhunderts den Versuch der Reform gehabt; er hat sich von neuen Formen bewußt ferngehalten. Erst kurz vor dem Kriege ist es zu Versuchen gekommen, eine Architektur zu verwirklichen, der man ansah, daß sie etwas Neues war, ja, etwas nie Dagewesenes: auf der Werkbundausstellung in Köln im Juli 1914 – also gerade vor Ausbruch des Krieges – erschienen die Bürohäuser und Fabriken von Walter Gropius und das Glashaus von Bruno Taut. Von den zwanziger Jahren aus rückblickend kann man sagen, daß in Köln zum ersten Mal der Expressionismus in der Architektur (Taut) und das, was man dann die Moderne oder auch Funktionalismus (Gropius) genannt hat, in Erscheinung getreten sind.

In den zwanziger Jahren kam es dann zu einer Auseinandersetzung zwischen den Architekten, die dieses Neue als die Architektur des Jahrhunderts ansahen, und den anderen, die meinten, es gebe keinen Grund von den seit langem üblichen Bauformen abzuweichen. Der Kampf wurde in Zehlendorf bei Berlin ausgefochten, wo der Wohnstadt von Taut, Otto Rudolf Salvisberg und Hugo Häring die mit Dächern abgeschlossenen Häuser der Wohnzeile am Fischtal entgegengestellt wurden; mit Erfolg, wie man sagen muß; denn die Architektur des Dritten Reiches hat an sie angeknüpft, nicht an die Wohnstadt mit den flachen Dächern. Übrigens soll man nicht meinen, die Zeile am Fischtal sei das Werk von Reaktionären gewesen: Tessenow war das nicht, Poelzig gewiß nicht, um nur zwei der Architekten zu nennen, die sich an dieser Demonstration gegen die Moderne beteiligt haben. Paul Schmitthenner war es allenfalls.

Nach 1945 kam es dann zu einer auch politisch bedingten Rückkehr zur Moderne der zwanziger Jahre, und dann wieder zu einer Rückkehr zum Älteren, die nun unter dem nicht angenehmen Namen einer ›Postmoderne‹ serviert wurde; in den Nachwehen dieser ›Postmoderne‹ leben wir noch.

Günter Behnisch hat offenbar an solchen Wandlungen des Ausdrucks in der Architektur nicht teilgenommen. Daß ein Gebäude die Sprache des Jahrhunderts sprechen müsse, stand für ihn außer Frage. Daß die Häuser der Zeit nach dem Zweiten Weltkrieg zu den zwanziger Jahren zurückkehren würden, hat er ebensowenig gewollt, wie daß sie weiter ›Schmitthennern‹ sollten. Sie sollten die Sprache dieses Jahrhunderts sprechen, aber sie sollten sie besser sprechen, als man sie in dem ersten Wirbel einer »kommenden Baukunst« – so hat man Le Corbusiers Buch »Vers une Architecture« übersetzt – damals gesprochen hat. Das heißt, man brauchte sich nicht zu scheuen, den zusammenhängenden Raum Le Corbusiers weiterzuentwickeln, nur sei es nötig, die Sprache der neuen Architektur gut zu sprechen, will sagen, ein jedes Wort zu überlegen; denn um ganz ehrlich zu sein, eben dies war in den zwanziger Jahren noch nicht geschehen: bei Le Corbusier nicht; da

2

geschah es viel später und im Zusammenhang mit einer Art Rückwendung – ich denke an die Jaoul-Häuser; bei Walter Gropius nicht; und wenn man sagen darf, daß Mies van der Rohe auch damals schon – 1929 (Haus Tugendhat, Barcelona-Pavillon) – auf Einzelheiten Wert gelegt hat, so muß man, fürchte ich, hinzufügen, daß er sie stilistisch behandelt hat, im Sinne der Gruppe de Stijl, im Sinne Mondrians. Das datiert diese Architektur und machte es schlechterdings unmöglich, zu ihr zurückzukehren. (Auch Mies selbst hat das nicht eigentlich getan, nicht eigentlich, obwohl man sagen muß...). Günter Behnisch betrachtet die Einzelheiten nicht stilistisch, sondern, nennen wir das einmal, konstruktiv.

Vor gar nicht langer Zeit bin ich in Frankfurt wieder im Postmuseum gewesen, wieder, wie ich gern gestehe, mit Freude und Bewunderung (Abb. 1). Das Museum liegt am südlichen Mainufer, man kann es also gut vom Nordufer sehen. Es sieht dann recht bescheiden aus, recht selbstverständlich; man erwartet nicht eben viel von diesem angenehm konstruktiven Beton-Rahmenbau. Anders ist es, wenn man den Bau an dem Ufer betrachtet, wo er steht, sagen wir, von Osten kommend (Abb. 2). Ich entsinne mich noch an das Entsetzen des Taxifahrers, der mich zum ersten Mal hingefahren hat. Er sagte so etwa: »Was? Diese moderne Scheußlichkeit?« Was ihn zu diesem Entsetzen veranlaßt hat, war – natürlich – der schräg aufsteigende gläserne Zylinder der Ostseite. Ich habe dann den größten Teil des Tages im Garten zugebracht, eben diesen Glaszylinder ansehend, wie er aus dem Hause herauswächst, wie er sich zu ihm verhält, wie er oben abgeschlossen wird, wie er schon von außen gesehen deutlich macht, daß ein Hauptteil des Museums sich unter der Erde befindet, unter dem Garten zwischen dem alten Hause (im Osten) und Behnischs Neubau. Ich bin allerdings auch immer wieder hineingegangen, um das Räumliche mit dem Äußeren vergleichen zu können.

Das Räumliche dieses Museums setzt den Besucher sofort in Bewegung. Er durchschreitet den Raum bis zur Treppe, die links liegt, am Fenster (Abb. 3, 4), und steigt hoch, obwohl die zwei hintereinanderliegenden Trep-

3 Deutsches Postmuseum,
  Frankfurt
  Treppe entlang der Glas-
  fassade
4 Blick in die viergeschossige
  Halle

3

4

penläufe zum ersten, dann weiter zum zweiten Geschoß einem zunächst einen Schrecken einjagen. Während man aber den ersten Lauf hochsteigt, verliert der zweite an Bedeutung, da der Raum des Zylinders sich entfaltet, der den Besucher auffordert, nach unten zu sehen. Er kann auch gleich auf der vor ihm liegenden Wendel-treppe nach unten hinabsteigen; aber das tut wohl kein Besucher sofort: zu interessant ist die Konstruktion des Zylinders mit den die Konstruktion erklärenden Details des Anfanges der aufsteigenden Zylindersprossen, – um sie einmal so zu nennen; und obwohl man im ersten Stock angekommen wirklich in den Zylinder blickt, und zwar mit wachsendem Interesse, denn erst hier wird klar, daß dieser Raum nach unten führt, unter den Garten – obwohl das so ist, fordert der nicht eben helle Raum hinter dem Zylinder den Besucher auf, ihn zu betreten. Tut er es, wird er zur Linken einen senkrechten Glaszylin-der bemerken, der für einen Raum ausgespart ist, der dort steht. Man erlaube mir hier immerhin eine Frage. Sie betrifft das Räumliche. Das Räumliche ist so fesselnd, daß es gar nicht leichtfällt, den ausgestellten Gegen-ständen auf diesem Level Aufmerksamkeit zu schenken. Ich halte es immerhin für möglich, daß auch hier, wie in nicht wenigen bekannten Gebäuden unserer Zeit, der Raum dem Architekten so wichtig gewesen ist, daß er an den Zweck des Hauses im einzelnen weniger gedacht hat als an eben diesen Raum.

Wir haben schon davon gesprochen, daß diese Räume Bewegung anregen, ich darf hinzufügen, daß sie nur durch die Bewegung, in der Bewegung, ihr Wesen entfalten. Das ist zum ersten Mal ganz entschieden bei Le Corbusier so gewesen. Auch die Eigenschaft des Raumes, daß er sich bei jedem Schritt in ihm verändert, neue Beziehungen deutlich macht und eben hierin sein Wesen enthüllt, hat, meine ich, Le Corbusier zum ersten Mal entschieden verwirklicht. Man könnte von Bewe-gungsräumen vergangener Jahrhunderte sprechen, etwa an den barocken Zugangsraum denken, also an Versailles. Der Unterschied aber ist der, daß man in Versailles weiß, worauf man sich zubewegt, daß die Kulmination des Weges von vornherein deutlich ist; daß

sich also eigentlich der Raum durch die Bewegung nicht verändert. Bei Le Corbusier – und nun ganz stark, entscheidend stark bei Behnisch – kann man sagen, daß der Raum durch die Bewegung erst entsteht. Diese Art Raum blieb unserem Jahrhundert bisher vorbehalten, und das muß einen Sinn haben. Wie man Räume dieser Art bewohnt – oder sie als Museum benutzt – bleibt, scheint mir, eine offene Frage, und ich glaube nicht, daß Behnisch diese Frage in Frankfurt gelöst hat: Wir haben schon bemerkt, daß der Raum in seiner ständigen Veränderung so fesselnd wirkt, daß Behnisch wohl in erster Linie an ihn gedacht hat. Er ist in der Tat so stark, daß ich auch neulich wieder, als ich zum drittenmal drin war, auf die ausgestellten Gegenstände nicht geachtet habe. Das soll keine Kritik an dem Architekten sein. Wenn er meint, der Raum als Erzeuger ständiger Bewe-gung und das Haus als adäquate Hülle für eben diesen Raum sei das Wichtige, was ein Architekt gegenwärtig zu schaffen habe, so kann ich ihm nur zustimmen. Worauf es ihm, so meine ich, stark ankam, ist folgendes: diesen Raum bis in jede Einzelheit überzeugend wirksam zu machen. Das Detail erhält also bei Behnisch eine neue Bedeutung.

Behnisch will das Detail offenbar konstruktiv. Ein gelungenes Beispiel dieser Art, das Detail zu behandeln, ist die Beziehung der Stützen zur äußeren Glaswand im Erdgeschoß (Abb. 5). Hier ist jede Einzelheit des kon-struktiven Zusammenhanges ablesbar, und eben dies ist ihm, Behnisch, gewiß wichtig. Wenn so, kann ich ihm auch hier nur zustimmen. Denn der Raum selbst stellt so große Ansprüche an jeden, der ihn betritt, daß er kon-struktiv ganz klar sein muß, um angenommen zu werden. Das Neue soll durch das Gediegene annehmbar gemacht werden. Wir haben schon erwähnt, daß Le Corbusier, den wir (mehr oder weniger) als den Erfinder des bewegten und bewegenden Raumes bezeichnet haben, eben hierzu nicht imstande war.

Mehr oder weniger: dabei fällt mir ein, daß selbst diese Erfindung, der Bewegung fordernde und sich in der Bewegung des Besuchers verändernde und dadurch erst wesentlich werdende Raum, in Beispielen auf jeden

5 Blick in die Eingangshalle

5

Fall auch vorher schon zu finden war. Erlauben Sie mir hier an das zu erinnern, was Nicolaus Pevsner in seinem großen Buch »Europäische Architektur« über das Treppenhaus des Schlosses in Bruchsal gesagt hat: »Die Treppe der Würzburger Residenz ist das schönste Beispiel eines oftmals verwendeten Schemas. Die Treppe in Bruchsal aber ist eine einmalige und gänzlich neuartige Schöpfung. Worte allein können schwerlich die zauberhafte Empfindung wiedergeben, die jeden überkam, der noch das Glück hatte, sie hinabzusteigen. Die Treppe hatte zwei Läufe, die ihren Anfang in einem rechteckigen Vestibül nahmen. Nach ungefähr zehn Stufen betrat man das Oval des eigentlichen Treppenhauses.

In seiner Mitte befand sich ein ebenfalls ovaler, dem Treppenhaus konzentrischer (Grotten)raum. Zwischen den gekrümmten Außenwänden des Treppenhauses und denen des Grottenraumes wanden sich die beiden Stiegen in zwei Halbkreisen nach oben, wobei die Außenwand zunächst geschlossen blieb, während sie sich auf der Innenseite in Arkaden öffnete, welche den

Blick in das Halbdunkel der Grotte freigaben. Die Höhe der Arkadenöffnungen innen verminderte sich, während man treppauf stieg, zugleich aber erlebte man eine von außen zunehmende Helligkeit, bis man eine über der Grotte gelegene ovale Plattform und damit die Höhe des Hauptgeschosses erreicht hatte.«

Was Pevsner hier beschreibt, ist ebenfalls ein Weg im Raum, eine Bewegung, durch welche der Raum erst erschlossen wurde. Der Unterschied ist der, daß die von Pevsner so deutlich beschriebene Raumbewegung zu einem eindeutigen Raumziel führt, während eben das in den Räumen des Postmuseums nicht der Fall ist. Hier ist die Bewegung permanent und führt allenfalls zu Haltepunkten, nicht zu einem Endgültigen.

Dies aber ist gegenwärtig, darauf möchte ich bestehen. Günter Behnisch ist nicht der einzige, der in jüngerer Zeit Raumbeziehungen dieser Art verwirklicht hat; aber ich meine, die Raumbeziehungen, die er im Frankfurter Postmuseum hergestellt hat, heben sein Werk von dem der anderen Architekten ab. Ob ihm diese Raumfolge ganz gelungen ist, ob man nicht, sagen wir einmal, in der Behandlung mancher Details eine gewisse Übertriebenheit bemerken muß, braucht uns hier nicht anzugehen. Grosso modo parlando ist es ihm gelungen, die für den darin sich Bewegenden unverbindliche und befreiende Folge einander sehr verschiedener Räume – das normale Geschoß, der helle Zylinder, die in Abständen von oben beleuchteten halbdunklen Ausstellungsräume unter dem Garten – überzeugend zu verwirklichen und ihnen durch konstruktive Details die Solidität zu geben, welche ähnlichen Versuchen in den zwanziger Jahren noch nicht geglückt war. Für mich – ganz persönlich – wird diese Leistung immer mehr zu Behnischs entscheidender Leistung. Worin ich mich gewiß irren mag. Günter Behnisch ist ein sehr vielseitiger Architekt und einer, der durch verschiedene Phasen des Schaffens hindurchgegangen ist und weiter hindurchgeht: wozu ich ihm Glück wünsche und Gelingen. Mein Interesse bleibt an die Phase gebunden, von der in diesem Beitrag die Rede ist.

1

Jörg Schlaich

Das Olympiadach in München. Wie war das damals? Was hat es gebracht?

Zunächst natürlich und vor allem hat das Olympiadach in München gute Architektur gebracht, den Beweis, daß man auch heute noch mit in die Landschaft hinein Gebautem und Konstruiertem eine Umgebung schaffen kann, in die Menschen gerne gehen. In einer durch eine gewisse Technikfeindlichkeit gekennzeichneten, aber gleichzeitig existentiell von der Technik abhängigen Zeit ist es besonders bedeutsam, daß dies mit den modernsten, weitgehend eigens dafür entwickelten Mitteln der Technik gelang (Abb. 1). Dabei mag, so paradox das klingt, gerade die Tatsache, daß vieles daran alles andere als perfekt ist, zur Akzeptanz beigetragen haben, so wie die kleinen Unschärfen der vielen Sänger eines Chores dessen Schmelz ausmachen, während eine Addition perfekter Einzelstimmen steril bliebe. Könnte dies gar ein Merkmal der Architektur Behnischs sein?

Wenn Architekten — in Umkehrung dessen, was sie im letzten und vorletzten Jahrhundert mit den Konstruktionen der Ingenieure taten — heute selbst Konstruktionen zu entwerfen versuchen, um sie unter der Bezeichnung ›High-Tech-Architektur‹ zur Schau zu stellen, statt sich primär der sozialen und ökologischen Herausforderung ihres Berufes zu stellen, dann muß daran erinnert werden, daß dies beim Entwurf für die Olympischen Sportstätten in München und insbesondere bei deren Dach ganz anders lief. Der Wettbewerbsentwurf für das Dach von Behnisch & Partner mit Jürgen Joedicke und Heinz Isler war natürlich blanke Illusion, aber damit haargenau das, was Architekten bei Bauten mit dominanten Tragwerken in die Zusammenarbeit mit Ingenieuren einbringen sollten, nicht weniger, aber auch nicht mehr: eine präzise Beschreibung ihrer gestalterischen Absichten, das angestrebte Ambiente, die Raumwirkung, kurz die Vorgabe, aber nicht gleich die Lösung selbst. Wenn Architekten Tragwerke selbst entwerfen, brauchen sie nur noch Statiker, aber keine Ingenieure. Dann kommt es nicht zum kreativen Dialog über alternative Entwürfe und erst recht nicht zu einer innovativen Lösung. Das beim Olympiadach vorbildlich geübte Rollenverständnis von Architekt und Ingenieur ist aus meiner heutigen Sicht die Erklärung dafür, daß das Dach in der kurzen Zeit einigermaßen gelang und Behnisch Jahre später dazu schreiben konnte: »Die Überdachung der Sportstätten ist in vielem so geworden, wie wir alle sie uns vorstellten: transparent, überraschend, innovativ, ungewöhnlich.« Dieses gerade vom architektonischen Projektleiter für das Dach, Fritz Auer, stets benutzte »Ich könnte mir vorstellen...« statt »Ich will das so...« steht auch dafür, daß wir uns in einer doch recht feindlichen Umgebung zurechtfanden, und daß der harte Kern des Dachteams heute noch in unterschiedlichen Konstellationen zusammenarbeitet: Fritz Auer, Winfried Büxel, Erhard Tränkner, Karlheinz Weber aus Behnischs Gruppe mit Rudolf Bergermann, Knut Gabriel, Karl Kleinhanß, Günter Mayr, Ulrich Otto von uns. Umgekehrt ist die erwähnte feindliche Umgebung und wohl auch manch herbe menschliche Enttäuschung innerhalb der

2

Planungsgruppe darauf zurückzuführen, daß viele gerade das damals überhaupt nicht verstanden und den Wettbewerbsentwurf wörtlich nahmen, um dann dagegen zu polemisieren, und uns so, zusätzlich zu allen technischen und terminlichen Strapazen — die sich inzwischen natürlich zu Pioniertaten verklären —, das Leben schwerzumachen.

Obwohl sich das Preisgericht am 13. Oktober 1967 einerseits klar für außerstande erklärt hatte, die vorgeschlagene Dachlösung zu bewerten und das Expo-Zeltdach von Montreal in technischer und konstruktiver Hinsicht als Vorbild verwarf (Abb. 2) und andererseits feststellte, daß anstelle der Zeltdachkonstruktion andere Dachkonstruktionen im gegebenen Fall verwendet werden können, ohne daß die für die Urteilsfindung maßgebenden Qualitäten dieser Arbeit verlorengehen, obwohl also sogar das Preisgericht klar erkannt hatte, daß hier ›nur‹ eine Idee präsentiert wurde, aber (entgegen den Ausschreibungsbedingungen des Wettbewerbs) noch keine baubare Lösung, gab es bereits ab November 1967 ›gute‹ Ratschläge prominenter ausländischer Ingenieure und Warnungen deutscher Professoren gegen dieses Dach. Diese öffentlich, teilweise recht polemisch geführte und mit viel Lokalkolorit angereicherte Diskussion über die »Baubarkeit der Zeltdächer« verstummte erst nach Fertigstellung des Daches, das wider Erwarten doch gelang und heute, nach über zwanzig Jahren, keinerlei grundlegende Mängel zeigt.

Wegen einer Empfehlung des Aufsichtsrates der Olympia-Baugesellschaft an den 1. Preisträger, die vom 3. Preisträger des Architektenwettbewerbs, den Architekten Heinle Wischer und Partner, Stuttgart, mit dem Ingenieurbüro Leonhardt und Andrä (zuständiger Partner Kuno Boll, Projektbearbeiter Jörg Schlaich), erbrachten Überdachungsvorschläge in die Untersuchungen mit einzubeziehen, kam es noch Ende 1967 zu einem Gespräch zwischen beiden Gruppen bei Heinle Wischer und Partner in der Schottstraße 110 in Stuttgart (dessen genaues Datum ich, weil ich kein Tagebuch führe, nicht mehr nachvollziehen kann, obwohl es für mich in beruflicher Hinsicht ›historisch‹ wurde). Weil sich dabei keine Verständigungschance über eine Zusammenarbeit der beiden Architekturbüros abzeichnete, schlug Heinle in Anerkennung der Qualität von Behnischs Dachentwurf und »wegen der nationalen Verpflichtung Olympia« ein Überwechseln ›seiner‹ Ingenieure zu Behnisch & Partner vor. (Ich kam mir dabei als recht schäbiger Überläufer vor, ›beugte‹ mich dann aber dem Drängen und der besseren Einsicht des hochgeschätzten Erwin Heinle, der dann, mit Kuno Boll als Ingenieur, mit der Planung des Olympischen Dorfes beauftragt wurde.)

Nachdem Günter Behnisch noch die Professoren Kupfer und Gattnar von der TU München dazugeholt hatte, fingen wir zunächst in seinem Büro in Kemnat, später in einer Villa in der Destouchestraße in München an, ernsthaft Lösungen zu suchen. Es ginge viel zu weit, hier all das zu repetieren, was damals ausprobiert wurde: Seilnetze radial, auf Bögen, aus Holz mit Schalenwirkung, aus Trapezblech und vieles mehr, sortiert unter den beiden Begriffen ›punktgestützte Dächer‹ – das waren die vom 1. Preis abgeleiteten Gesamtüberdachungen, die Behnischs Gruppe natürlich nach vorne bringen wollte – und ›randgestützte Dächer‹ – das waren die vom 3. Preis hergeleiteten, aber auf das Gesamtkonzept des 1. Preises übertragenen Einzelüberdachungen des Stadions, der Sporthalle und der Schwimmhalle, mit denen wir natürlich zunächst besser zurechtkamen. So kam es, daß der Olympia-Baugesellschaft Ende Februar 1968 eine ›punktgestützte‹ Lösung, die sich vom Wettbewerbsentwurf nur durch ein paar zusätzliche Stützen (Streichhölzer unter dem ›Damenstrumpf‹) unterschied und nach wie vor überhaupt nicht baubar war, und zahlreiche Lösungen mit ›randgestützten‹ Einzeldächern, deren Baubarkeit zwar bereits nachvollziehbar war, die aber im Gesamtmodell dem Wettbewerbsentwurf gar nicht standhalten konnten, vorlagen. Immerhin genügte dies dem Aufsichtsrat der Olympia-Baugesellschaft am 1. März 1968, sich nun bezüglich des Südbereichs des Olympiageländes, also der Sportstätten, endgültig für den mit dem 1. Preis ausgezeichneten Entwurf zu entscheiden. Die Entscheidung über das Dach blieb weiter offen. Bis Ende Mai sollte für beide Dachlösungen, die punkt- und die randgestützte, der Nachweis der Baubarkeit erbracht werden (Abb. 3, 4).

Um diese Zeit hatte sich Frei Otto, Berlin, entschlossen, Behnischs Einladung zur Mitarbeit anzunehmen, und auch Fritz Leonhardt, seit Mai 1967 Rektor der Universität Stuttgart, fand zum Dachteam seines Büros, um Kuno Boll als Partner abzulösen. In München und in Berlin wurden nun zahllose Entwürfe für die punktgestützten Dächer entwickelt. Glücklicherweise hatte Frei Otto sich damals gerade mit einer Stadionüberdachung für Gelsenkirchen beschäftigt und dafür eine Lösung gefunden, die sich auch für München eignete. Er schlug vor, das halbringförmige Stadiondach aus mehreren radial angeordneten sattelförmigen Netzen zusammenzusetzen. Die Netze reichten aber nicht bis zu den Mastspitzen, sondern waren von hinter der Tribüne in regelmäßigen Abständen stehenden Masten abgehängt und gegen ein Randseil über dem Spielfeld verspannt, sehr ähnlich dem, was dann auch gebaut wurde. Als sich das Planungsteam in München in Kürze mit Hilfe einfacher Modelle davon überzeugt hatte, daß sich diese Lösung sinngemäß auch auf die anderen Dachteile, besonders die Sporthalle, übertragen ließ und sich auch gestalterisch vertrug mit frei geformten, zwischen Masten, Tief- und Hochpunkten sowie Randseilen verspannten Seilnetzflächen für die Schwimmhalle und die Zwischenteile, und damit Günter Behnisch und seine für das Dach zuständigen Partner Fritz Auer, Erhard Tränker und Wilfried Büxel einsehen mußten, daß eine bessere formale Annäherung an ihren natürlich ungleich schöner fließenden Wettbewerbsentwurf nicht erreichbar ist, schlug man der Olympia-Baugesellschaft (OBG) diesen ›punktgestützten‹ Entwurf zur Ausführung vor. Diese bot in Eile eine große internationale Kommission bekannter Ingenieure auf, der wir Ende Mai 1968 tagelang Rede und Antwort stehen mußten. Bezüglich des auch mit viel Einsatz weiterbetriebenen und bis ins konstruktive Detail fortgeschrittenen Entwurfs mit ›randgestützten‹ Dächern verlief diese Diskussion befriedigend. Vom ›punktgestützten‹ Entwurf gab es aber erst Rohmodelle und Übersichtsskizzen, so daß wir dazu nur einen Bruchteil der Fragen der Kommission nach der konstruktiven Durchbildung einschließlich der Eindeckung, den Verformungen unter Schnee, den Schwingungen im Wind, der Montage, den Bauzeiten und so weiter beantworten konnten. Insbesondere die Einschätzung der aerodynamischen Stabilität eines solchen Daches war natürlich reine Temperamentsache. Wir spürten zwar schon damals, daß sich solche komplexen Strukturen nicht zu harmonischen Schwingungen anregen lassen, was wir später auch an einem einfachen Probedach nachweisen konnten und bis heute vom gebauten Dach bestätigt bekamen, konnten das damals aber überhaupt noch nicht beweisen. Wohl weil kurz darauf auch das Architekten-Preisgericht nochmals einberufen werden sollte und schon klar war, daß dieses sich gerne für die punktgestützte Lösung aussprechen würde, dafür aber das positive Votum der Ingenieur-Kommission bräuchte, zog sich diese mit der nebulösen Auflage, daß das punktgestützte Dach »schalenartig versteift« werden solle, aus der Affäre. Hinter dieser tatsächlich unsinnigen, weil der charakteristischen Geometrie und dem Tragverhalten vorgespannter Seilnetze offensichtlich zuwiderlaufenden Auflage steckte auch der wiederholte Versuch, ›bayerisches Holz‹ an das Dach zu bringen. Auf jeden Fall beschloß der Aufsichtsrat der OBG mit diesem Votum am 21. Juni 1968, »daß von den zwei Dachalternativen das punktgestützte, vorgespannte Hängedach mit schalenartig wirkender Holzkonstruktion in der von Professor Behnisch vorgelegten Form der weiteren Planung und Ausführung zugrunde gelegt wird«. Gleichzei-

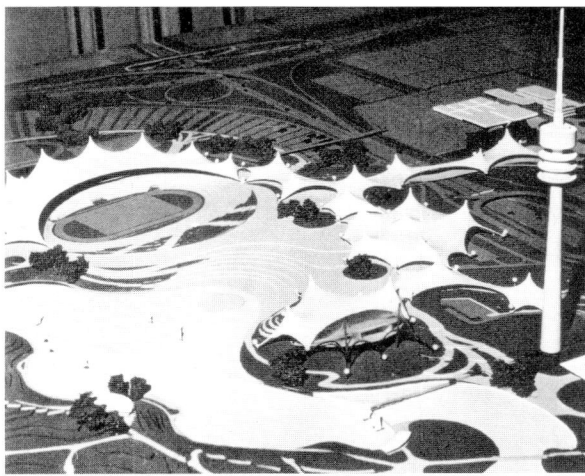

3

4

tig wurde die Bearbeitung der randgestützten Dächer abgebrochen. Die Preisrichter stellten »mit Befriedigung fest, daß die Ausarbeitung der Alternativen sich keineswegs als eine überflüssige Vorsichtsmaßnahme erwiesen hat, sondern eine klare und ausgereifte Entscheidung ermöglicht hat«.

Sicher hat sich die Arbeit an diesen randgestützten Alternativen allein deshalb ausgezahlt, weil das Ergebnis dem Bauherrn zeigte, daß es Günter Behnisch in kurzer Zeit verstanden hatte, aus seinen Architekten und uns Ingenieuren eine effizient und freundschaftlich zusammenarbeitende Mannschaft zu bilden, und daß die Ingenieure ihr Handwerk verstanden und leistungsfähig waren, was ihm einen Vertrauensvorschuß für die Weiterbearbeitung des Daches verschaffte.

In der Tat freuten wir uns damals über den ›Sieg‹ und auf die weitere Arbeit, wohl wissend, daß wir den mit der ›schalenartigen Versteifung‹ ausgestellten Wechsel noch einzulösen hatten und daß wir dabei, weil es ein falscher Weg war, wenn es schiefginge, in jedem Falle die Verlierer wären. Deshalb durfte es nicht schiefgehen! Dabei half ungeheuer — das darf jetzt mal gesagt werden —, daß Behnisch mir damals sagte, daß er es uns zutraue, und wenn nicht uns, dann niemandem.

Ab diesem OBG-Beschluß war endlich eine zielstrebige und konzentrierte Arbeit möglich. Die öffentlich betriebene Einmischung hörte, zumindest für ein Jahr, bis zur Vergabe der Bauarbeiten auf; die Architekten und Ingenieure bekamen Verträge und konnten so ihre Teams aufbauen; es gab Geld für Werkstoff-, Bauteil- und Modellversuche, was dringend nötig war und was wir auch weidlich nützten. Die endgültige Planungsgruppe für das Dach, ihre Gemeinsamkeit demonstrativ verkündend als: »Architekten und Ingenieure Behnisch & Partner mit Jürgen Joedicke, Frei Otto, Leonhardt und Andrä«, kam dann dadurch zustande, daß H. Isler den Auftrag zur Planung der Stadionunterbauten übernahm und H. Kupfer mit R. Schuller zum (außerordentlich konstruktiven und mutigen) Prüfingenieur für das Dach berufen wurde. Nachdem die Gruppe den endgültigen Entwurf in wenigen Monaten gemeinsam entwickelt und

in Form von Tüllmodellen festgehalten hatte, übernahm das Institut für leichte Flächentragwerke der Universität Stuttgart unter Frei Otto den Bau des Meßmodells, zunächst für das Stadiondach. Meßmodelle waren damals noch der Weg zum genauen Zuschnitt, also den Längen aller Seile und der Geometrie der Knoten. Zur photogrammetrischen Aufnahme der Meßmodelle und zur Fertigung der unzähligen Zuschnittpläne wurde später Professor Klaus Linkwitz vom Institut für angewandte Geodäsie der Universität Stuttgart hinzugezogen, der seinerseits in der ›Hauptkampfzeit‹ eine Kompanie Soldaten aus der benachbarten Kaserne zur Mitarbeit verpflichtete.

Die Ingenieurgruppe mit Rudolf Bergermann, zuständig für das Stadiondach, Knut Gabriel für das Sporthallendach, Ulrich Otto für das Schwimmhallendach und Karl Kleinhanß für die Zwischendächer, formierte sich ab dem 1. Juli 1968 und wuchs auf maximal 18 Ingenieure und Konstrukteure, von denen ich unter Leonhardt mit 33 Jahren der älteste war. Zuständig für die statisch-konstruktive Gesamtplanung von der Gründung beziehungsweise Anbindung an die Unterbauten bis zur Eindeckung, einschließlich der Fertigungsplanung und mit dem Endtermin, der Olympiade im August 1972, vor Augen, erkannten wir, daß die Meßmodelle zu ungenau und nicht mehr zeitgemäß waren. So begann unser Marc Biguenet im Sommer 1968 mit der Entwicklung rechnerischer Methoden zur Zuschnittsermittlung. Dadurch kam es zur Zusammenarbeit mit D. Scharpf und Th. Angelopoulos vom Institut für Statik und Dynamik der Luft- und Raumfahrtkonstruktionen (Prof. J. Argyris) von der Universität Stuttgart. Der Zuschnitt der Sporthalle wurde (erstmalig) berechnet. Bei den übrigen Dachteilen blieb es (zum letzten Mal) bei den Meßmodellen, was dank dem von Linkwitz entwickelten Fehlerausgleichsverfahren vertretbar war. Leider sträubte sich Frei Otto so sehr gegen diese Entwicklung, ebenso wie auch später bei der Konstruktion gegen jede Abweichung von seiner durch das Expo-Zeltdach von Montreal geprägten Vorstellung, daß er sich zunehmend und schließlich ganz dem aktuellen Geschehen entzog.

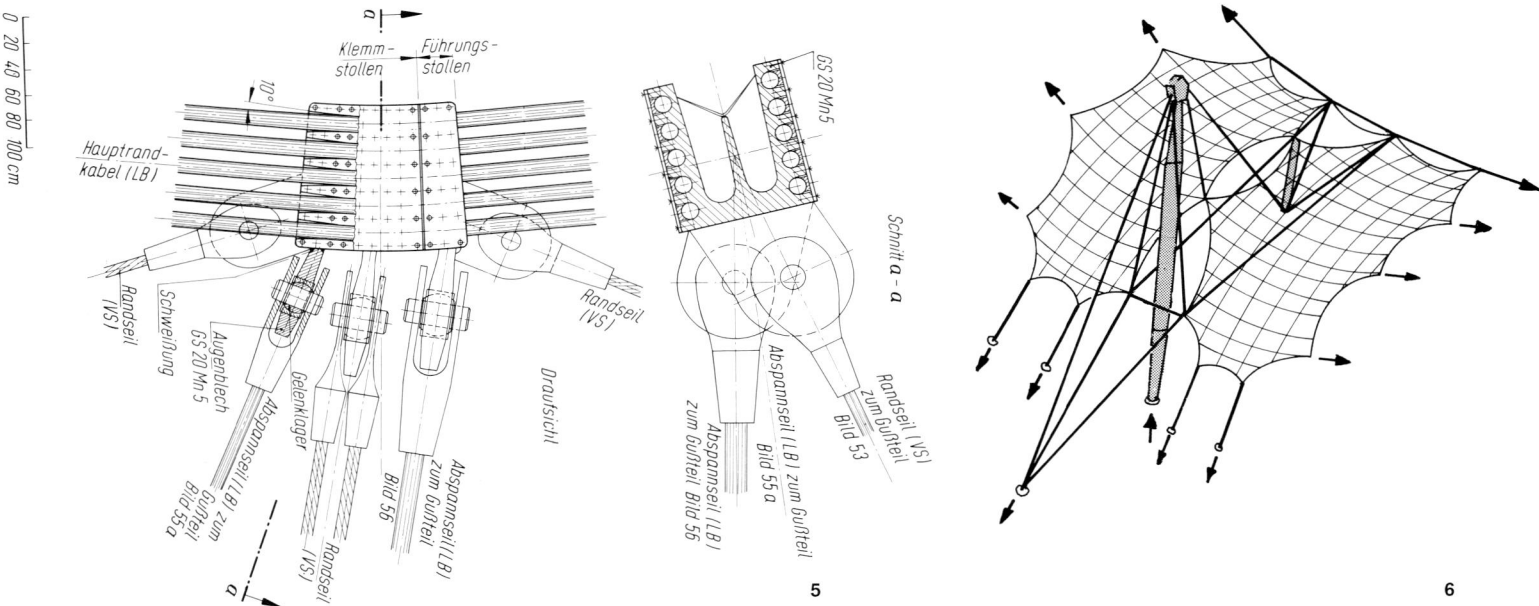

5

6

Das Jahr von Sommer 1968 bis Sommer 1969 war hart, aber schön und fruchtbar; danach war im Prinzip alles klar. Innerhalb des engeren Planungsteams der Architekten und Ingenieure gab es nie Reibereien, nach außen, zum Beispiel gegenüber der recht wankelmütigen OBG oder der neu aufkommenden Netzplantechnik, bildeten wir eine Mauer. Aufregend wurde es noch einmal, als am 17. Juli 1969 nur zwei Firmenangebote eingingen, und das niedrigere mit 100 Millionen DM genau doppelt so hoch war wie die zuletzt von uns genannten 48 Millionen und fünfmal so hoch wie die ersten Schätzungen und selbst daran noch unzählige Vorbehalte geknüpft waren, so daß eigentlich von Angeboten gar nicht die Rede sein konnte. Trotzdem entschied sich der Aufsichtsrat der OBG am 18. August für den Bau, weil der neue OBG-Hauptgeschäftsführer Carl Mertz die Firmen angeblich um 20 Millionen DM herunterhandelte, sie in Wirklichkeit aber überhaupt nur dadurch zum Bau bewegen konnte, daß er eine Arbeitsgemeinschaft aus den beiden Bietern bildete und sie mit einem komfortablen Kostenerstattungsvertrag belohnte. Sehr hilfreich war, daß sich die Firmen unseren Freund Harald Egger, der früher bei Leonhardt und Andrä das Montreal-Zelt bearbeitet hatte, als Leiter ihres örtlichen Büros für die Werkstattpläne holten, und sehr beruhigend, daß sie schließlich mit Nikolaus Berg und Norbert Dörner zwei überaus erfahrene Montageleiter fanden. Das Thema der ›schalenartigen Versteifung‹ haben wir im Laufe der Zeit einfach ›vergessen‹ und keiner hat es gemerkt; dabei half die Forderung des Fernsehens nach einer transluzenten Dachhaut. Nachdem wir Ingenieure uns aus Zeitgründen an der Planung der Fassade und abgehängten Decke von Sport- und Schwimmhalle nicht mehr beteiligen konnten, fiel die letzte wichtige uns betreffende Entscheidung, die für die Acrylglaseindeckung, am 7. Juli 1970, zwei Jahre nach dem eigentlichen Planungsbeginn.

So war das damals aus der Sicht der Ingenieure. Was hat es nun in technischer Hinsicht gebracht?

Hier ist nicht der Platz, alles, was sich in diesen zwei Jahren abgespielt hat und entwickelt wurde, nachzuzeichnen. Das Ergebnis ist bekannt. Nur ein paar Entwicklungen, vor allem die mit Nachwirkungen, seien erwähnt: Bei der Wahl der Seile und konstruktiven Durchbildung aller Details wurde systematisch ein Baukastenprinzip, also ein Aufbau aus möglichst vielen gleichen, sich wiederholenden Einzelteilen angestrebt. Dahinter stand sowohl der Wunsch nach gestalterischer Klarheit und Ruhe durch ein konstruktives Ordnungsprinzip als auch nach Rationalisierung durch die Serie. Das gelang vor allem durch die Entscheidung, die Rand-, Grat- und Kehlseile der Netze aus einem immer gleichen, verschlossenen Seil mit 80 Millimeter Durchmesser zu addieren, also je nach Bedarf ein, zwei, drei... dieser Seile hintereinander zu koppeln. Dadurch konnten alle Klemmen, Umlenkknuten in den Gußsätteln und Seilköpfe standardisiert werden (Abb. 8). Ähnlich wurde mit dem großen Randseil des Stadions verfahren (es besteht aus zehn Litzenbündeln) und letztlich auch mit den Litzenbündeln für die Abspannseile, deren Litzenzahl dem Bedarf angepaßt ist. (Abb. 5, 7)

Viel wurde damals öffentlich über die zu erwartende kurze Lebensdauer geunkt. Tatsächlich sind jetzt, nach über zwanzig Jahren, praktisch noch keine Korrosionsschäden zu finden, weil bei der Auswahl der Seile und der Durchbildung aller Details größter Wert auf einen sehr guten Korrosionsschutz gelegt wurde. Dazu wurden sehr viele Versuche, besonders auch Dauerschwingversuche, durchgeführt, weil diese bestens geeignet sind, jedwede konstruktive Schwachstelle aufzudecken.

Die Maschenweite des zweischarigen Seilnetzes ist die wichtigste Maßzahl eines solchen Tragwerks. Abzuwägen ist dabei unter anderem, daß sie möglichst groß sein soll, um die Zahl der Klemmen und Knoten zu minimie-

Jörg Schlaich

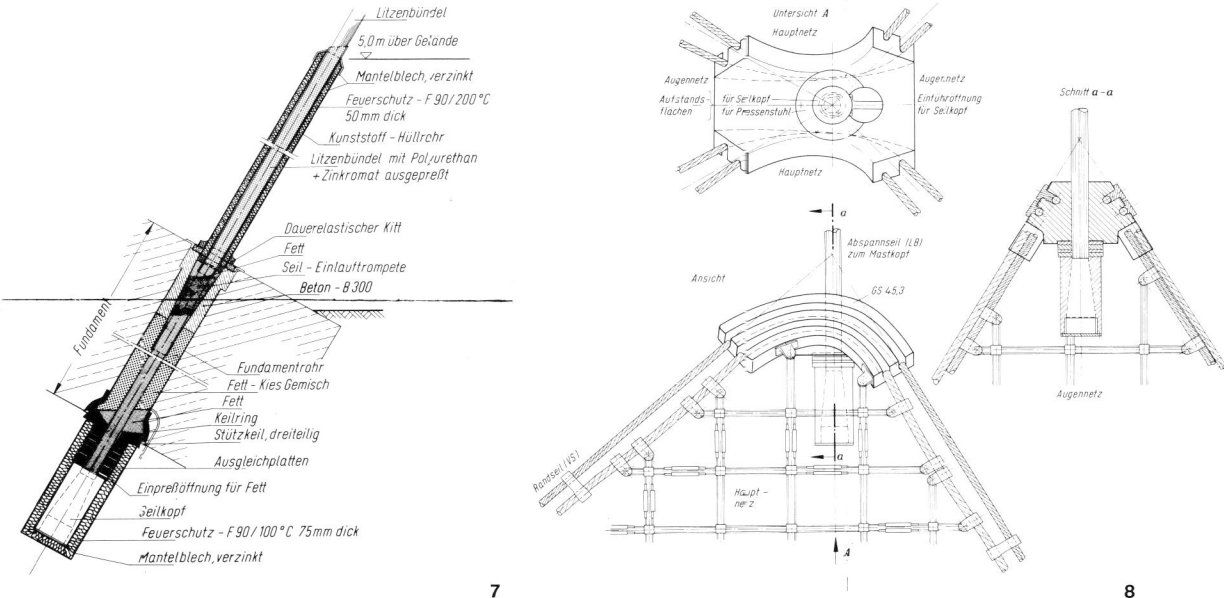

7   8

ren, aber klein genug, daß das Netz direkt begehbar ist, um eine gerüstfreie Montage des Netzes und der Eindeckung zu ermöglichen. Deshalb wurde ein konstanter Netzknotenabstand von 75 Zentimeter gewählt, um so auch für die zeitlich erst viel später klärbare Frage der Befestigung der Dacheindeckung noch genügend konstruktive Möglichkeiten offenzulassen.

Das Ziel eines möglichst kontrollierten Dehnverhaltens, einer geringen Anfälligkeit gegen Korrosion (Berater Prof. G. Rehm) und Empfindlichkeit gegen die Querpressung an Klemmen, Umlenkungen und Verankerungen sowie Knicken bei der Montage führte zur Wahl von 19 dickdrähtigen Litzen für die Netzseile. Die sehr unterschiedlichen Maschenwinkel im eingebauten Zustand machten frei drehbare Knoten erforderlich, weil die bis dahin bekannten starren Knoten zu Verzerrungen und Längenfehlern führen, die den Zuschnitt unvertretbar verfälschen. Drehbare Klemmen gelingen nur mit einer Schraube im Drehpunkt, deshalb wurden Doppellitzen gewählt, die an den Knotenpunkten mit aufgepreßten Aluminiumklemmen mit zentrischem Loch verbunden sind. Der entscheidende Vorteil dieser Netzkonstruktion — womit wesentlich die Baubarkeit des Olympiadaches in der vorgegebenen Zeit sichergestellt wurde — ist, daß die Klemmen so mit äußerster Präzision bereits im Werk aufgepreßt werden können und auf der Baustelle kein Maß zu nehmen ist! Für den Anschluß der Netzseile an die Randseile sind die zwei Litzen über Spannschlösser mit einer Endschlaufe gekoppelt, die über eine Rolle in der Randseilklemme umgelenkt wird. Alle diese Netz- und Randseilklemmen wurden in langen Versuchsreihen an der Universität Stuttgart, besonders bei Prof. Hugo Müller, optimiert. Bei späteren Dächern haben wir allerdings ganz auf den computerberechneten Zuschnitt vertraut und auf Spannschlösser verzichtet.

Besonders schwierig war die konstruktive Durchbildung der vielen, geometrisch völlig unterschiedlichen, aber gleichzeitig hinsichtlich der Seilführung mit größter Genauigkeit herzustellenden Umlenksättel mit Seilnuten und Verankerungsknoten für die Randseile und Abspannseile. Sie sitzen auf Stützen, tragen Luftstützen oder schweben frei im Raum und haben große Kräfte auszugleichen. Alle Versuche mit verschweißten Stahlblechen und aufgesetzten Halbrohren scheiterten an deren Ungenauigkeit und dem Zeitaufwand für die aufwendigen Konstruktionszeichnungen und die Herstellung. Ein gründliches Studium der Stahlgußtechnologie, insbesondere des Modellbaus, und lange Gespräche mit den Modellbauern brachten die Lösung: Es erwies sich als möglich, die Gußmodelle, statt wie bisher üblich aus Holz, ganz einfach aus Hartschaum zu schnitzen, so daß die Zeichnungen nur noch die Geometrie der Seilnuten und der Anschlüsse festhalten mußten und der Rest von Hand angeformt werden konnte. So rückten selbst komplizierte Einzelmodelle — und hier gab es fast nur Einzelstücke — wirtschaftlich und terminlich in greifbare Nähe. Teilweise und je nach Form des Gußstückes gingen wir sogar so weit, die Schaumstoffmodelle, nachdem sie in die Sandform gebettet waren, gar nicht mehr auszubauen, sondern sie beim Gießen durch den flüssigen Stahl auszubrennen. Das lohnt aber nur bei hinterschrittenen Formen (die so immerhin überhaupt möglich wurden!), weil die Schaumstoffreste an der Oberfläche des Gußstückes ein Nacharbeiten verlangen. Diese Weiterentwicklung der Stahlgußtechnologie war nicht nur die Rettung für das Olympiadach, sondern führte zu einer Renaissance des Stahlgusses im Bauwesen als wesentlichem Bestandteil der sogenannten High-Tech-Architektur, wie sich wörtlich am Centre Pompidou in Paris ablesen läßt. Dessen Gußteile tragen dasselbe Firmensignum PHB (Pohlig-Haeckel-Bleichert) wie die früheren Gußteile des Olympiadaches. Die Größe und Ausbildung dieser gegossenen Umlenksättel ergab sich vor allem aus dem erforderlichen Radius der Führungsnut, die eine formtreue Umlenkung der Seile gewährleisten mußte. Nach damaligen Normen hätte dieser Radius das vierzigfache des Seildurchmessers betragen müssen, was zu riesigen Sätteln geführt hätte. So haben wir ihn ›einfach‹ auf ein Viertel reduziert, also auf 10 ∅, natürlich nicht ohne vorher mit den französischen Seilherstellern über die Machart und den Aufbau des Seils lange nachzudenken. Aus Zeitgründen waren alle Gußteile längst gefertigt, bevor Probeseile geliefert und über Versuche gezeigt werden konnte, daß dieser enge Radius mit diesen speziellen Seilen ohne Abminderung der statischen und dynamischen Festigkeiten machbar war; nicht auszudenken, wenn diese Versuche schiefgegangen wären! (Heute und als Folge davon erlauben die deutschen Normen immerhin 20 ∅; tatsächlich sind auch 15 ∅ in der Regel problemlos, während die 10 ∅ des Olympiadaches besonders kunstvoll konfektionierte Seile verlangen; ein bißchen Glück hatten wir schon!) Für die Abspannpunkte, in die einzelne Randseile im stumpfen Winkel einlaufen und durchlaufen, wurden recht kompakte Umlenksättel gefunden. Wenn mehrere Randseile im spitzen Winkel ankommen, wurden Wippen gewählt, um dort die Randseile gleichzeitig verankern zu können. Man sieht daran, daß manche dieser Gußteile doch recht grobschlächtig ausfielen, daß die Termine knapp und die Architekten anderweitig beschäftigt waren. Hingegen reichte die Zeit wenigstens, um die Seilverankerungen, Zylinder- und Gabelköpfe, die vorher schon aus Stahlguß hergestellt wurden, gegenüber den bis dahin üblichen Maßen zu reduzieren und zu optimieren. Wir nutzten, daß die Qualitäten des Stahlgusses damals schon die des normalen Walzstahles erreichten und er nicht mehr spröde und porös ist wie noch in der Frühzeit des Eisenbaus.

Weil in die Köpfe der großen Maste nur gerade Litzenbündel einlaufen, sind diese nicht aus Stahlguß, sondern aus Blechen mit bis zu 100 Millimeter (!) Dicke verschweißt. Die Zylinderköpfe stützen sich auf Querbarren zwischen diesen Blechen ab. Für die Entwicklung dieser Seilköpfe und ihre schweißtechnische Durchbildung (Beratung Prof. Pelikan) war die Zeit natürlich wieder sehr knapp. Trotzdem blieben die gefundenen Lösungen nicht ohne Nachwirkungen auf die Ausbildung der Pylonköpfe von Schrägseilbrücken (Abb. 9). Schon hier halfen übrigens bei der Verfolgung des Kraftflusses, der Bemessung und zur Interpretation der spannungsoptischen Messungen (Prof. R. K. Müller) die später an der Universität Stuttgart vor allem für den Stahlbetonbau entwickelten Stabwerkmodelle.

Bei Seilnetzkonstruktionen müssen sehr große Zugkräfte an wenigen Punkten in den Baugrund eingeleitet werden (Abb. 6). Eine sehr einfache, heute gebräuchliche Methode zur Verankerung hoher Zugkräfte mit Erdankern war damals nicht möglich, weil noch keine bautechnische Zulassung für diese Anker vorlag. Für die weniger wichtigen Verankerungen wurde diese Zulassung trotzdem mit Versuchen erwirkt und die Anker eingebaut, was dieser Entwicklung schnellen Vorschub

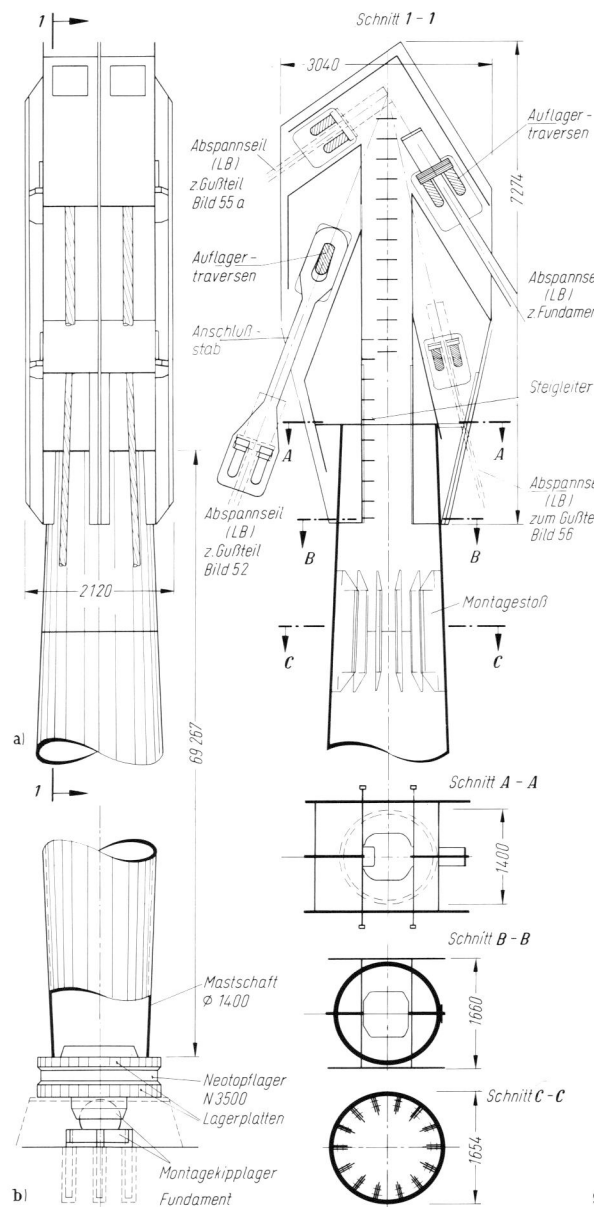

Schnitt 1 - 1

3040

Auflager-traversen

Abspannseil (LB) z Gußteil Bild 55 a

Auflager-traversen

7274

Abspannseil (LB) z.Fundament

Anschluß-stab

Steigleiter

A   A

Abspannseil (LB) zum Gußteil Bild 56

Abspannseil (LB) z.Gußteil Bild 52

B   B

Montagestoß

C   C

2120

69 267

a)

1

Schnitt A - A

1400

Schnitt B - B

1660

Mastschaft ∅ 1400

Neotopflager N 3500 Lagerplatten

Schnitt C - C

1654

b)   Montagekipplager Fundament

9

leistete. Die Zugkräfte der Hauptseile mußten aber über sehr große Schwergewichts- oder Schlitzwandfundamente im Boden verankert werden. Hinzu kam, daß die Fundamente gebaut und damit die Lage, Richtung und Kraftgröße der Seilverankerungen festgelegt werden mußten, bevor die endgültige Geometrie und Kräfte aus den Seilnetzen feststanden. Diese Randbedingungen erschwerten die Entwurfsbearbeitung und die gesamte Abwicklung unermeßlich. Spätestens an dieser Stelle brach der damals ganz neue Ansatz, mit der Netzplantechnik die Termine zu steuern, zusammen. Mit unserem Versprechen, »so schnell wie möglich, aber nicht schneller« zu planen, konnte der Computer nichts anfangen. Durch die Forderung des Fernsehens nach einer weitgehend verschattungsfreien Überdachung des Stadions wurden die bis dahin erarbeiteten zahlreichen Alternativen wie PVC-beschichtetes Gewebe, freigespannt oder auf Holzverschalung, Holzwolleleichtbauplatten mit

9 Stadionmast
10 Schnitt durch die Dachhaut

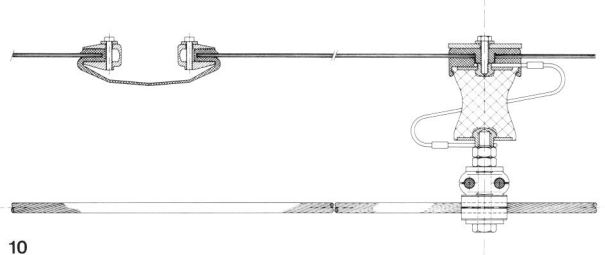

10

wasserfester Beschichtung oder Perlite-Beton mit aufgespritztem Kunststoff glücklicherweise hinfällig. Die endgültige Dacheindeckung wurde durch ein neuentwikkeltes vorgerecktes Plexiglas mit günstigem Verhalten bei Brand möglich. Die dafür zugesetzten Eisenverbindungen führen aber heute unter Feuchtigkeit zu Abblätterungen, die die Platten blind machen, so daß sie jetzt sukzessive ausgewechselt werden müssen. Die Fugen zwischen den Platten, die ein aufgepreßtes schweres Neopreneprofil überbrückt, geben den Dächern die von weitem sichtbare Struktur, die leider die Feinstruktur des Netzes erschlägt (Abb. 10).

Den zahlreichen vom Olympiadach ausgehenden Entwicklungen, die später für Dächer und Brücken noch nützlich waren – der Stahlguß, die dauerschwingfesten Verankerungen und Klemmen für Seile und Litzen, die enge Umlenkung verschlossener Seile, das dehnbare, hochpräzise, vorgefertigte Seilnetz. der erste große CAD-Einsatz, die Erdanker – seien noch die Dauerschwingversuche an kunststoffvergossenen Litzenbündelverankerungen hinzugefügt, die später im Schrägseilbrückenbau weite Verbreitung fanden. Aus der Zusammenarbeit der an der Ausführung beteiligten Büros und Institute entstand 1970 an der Universität Stuttgart der Sonderforschungsbereich 64 ›Weitgespannte Flächentragwerke‹ der Deutschen Forschungsgemeinschaft. Hier wurden die beim Bau der olympischen Dächer gewonnenen Erkenntnisse aufgearbeitet und Formfindung, Tragverhalten, Berechnungsmethoden und Detailausbildung zugbeanspruchter Konstruktionen und die dafür erforderlichen hochfesten Werkstoffe für Seile, Bündel und Membranen, weitergehend als dies während der kurzen Planungszeit des Olympiadaches möglich war, erforscht.

Klaus-Dieter Weiß

Realität und Architektur
Oder: Es ist zwar alles gesagt, aber es muß auch etwas offen bleiben (Marcel Duchamp)

1 Ausbildungs- und Studienzentrum der Evangelischen
Landeskirche von Württem-
berg, Haus Birkach,
Stuttgart-Birkach
2 Kindergarten,
Stuttgart-Luginsland

Michael Mathias Prechtl, der für seinen aufrührerischen Realismus bekannte Nürnberger Illustrator und Maler, fertigte vor zwanzig Jahren ein beißend-sarkastisches Aquarell zu den Abstraktionsbemühungen einer Kunst, die nicht die seine ist. Es kommt mir gerne in den Sinn, wenn sich die beiden grundlegenden Positionen der Architektur ach so unerbittlich und mit ganz unterschiedlichem Gefolge – was das Kräfteverhältnis und die Durchsetzungskraft betrifft – gegenübertreten. Der Titel des Bildes: »Rembrandt erfindet 1669 im volltrunkenen Zustand die informelle Malerei«. Das Bild zeigt Rembrandt, versoffen grinsend, den Pinsel in der Hand, vor Flasche und Leinwand. Die diebische Freude darüber, daß es ihm gelingen wird, das Publikum mit einer schnell aufgeführten Pseudomalerei an der Nase herumzuführen, leuchtet aus seinen Augen. Nur ein Spiralnebel ziert die Leinwand – ohne künstlerisches Sujet, es sei denn das, jede eng begriffene Form und alle Formalien verletzt zu haben. Ein Wunder, daß die »Bauwelt« in ihrem jüngsten Amüsement über »Mikado« und »Erdbeben« am Bonner Bundestagsneubau auf diese wundervolle Illustration nicht gekommen ist.[1]

Ein anderes Gerücht schiebt die Erfindung Wassily Kandinsky zu. Im Abendlicht seines Ateliers habe er ein auf dem Kopf stehendes noch gegenständliches Bild unwillkürlich als abstrakt empfunden. In diesem Moment habe Kandinsky die gegenstandslose Malerei entdeckt. Der Zufall als Auslöser von Kunst. Auch der Baukunst? Zufälle haben immerhin wissenschaftlichen Rang. Nicht erst seitdem ein Mönch namens Berthold Schwarz das Schießpulver erfunden hat. Niki de Saint Phalle setzte diesen wissenschaftlichen Zufall insofern folgerichtig in einen künstlerischen um. Sie fertigte »Schießbilder«. Unter der Bildoberfläche angebrachte Farbbeutel ließen das Bild zu dem Zeitpunkt und in der Art und Weise entstehen, wie sie von den darauf abgefeuerten Projektilen getroffen wurden. Die Reihe ähnlicher Experimente, die hierarchische Komposition zu überwinden und mittels programmatischer Nutzung des Zufalls zu objektivieren (!), ist inzwischen lang geworden. Gibt es im ordentlichen Deutschland, das brillanter Architektur so gerne Stolpersteine in den Weg legt, Architekten, die den mit dem Statiker abgesprochenen Entwurf in Schnipsel schneiden und so lange in die Luft werfen, bis sie mit dem dynamischen Ergebnis zufrieden sind? »For first you write a sentence, / And then you chop it small; / Then mix the bits and sort them out / Just as they chance to fall: / The order of the phrases makes / No difference at all« (Lewis Carroll alias Charles Lutwidge Dodgson, Mathematiker). Leonardo da Vinci empfahl in seinem »Traktat von der Malerei« das aufmerksame Studium verwitterter Mauern, der Asche des Feuers oder der Formation von Wolken, um die künstlerische Erfindung zu beflügeln. Aber es ging ihm nur um den ersten Ansatz einer Idee. »Ich kann nicht umhin, unter diese Vorschriften eine neue Erfindung von Spekulation zu setzen, die, obschon sie unbedeutend scheinen mag und fast des Lachens würdig, nichtsdestoweniger von großer Nütz-

2

lichkeit ist, den Geist zu verschiedenen Erfindungen aufzuwecken, und das ist wenn du in allerlei Gemäuer hineinschaust, das mit vielfachen Flecken beschmutzt ist, oder in Gestein von verschiedener Mischung, – hast du da irgendwelche Szenerie zu erfinden, so wirst du dort Ähnlichkeiten mit diversen Landschaften finden, die mit Bergen geschmückt sind, Flüsse, Felsen, Bäume, – Ebenen, große Täler und Hügel in wechselvoller Art; auch wirst du dort allerlei Schlachten sehen und lebhafte Gebärden von Figuren, sonderbare Physiognomien und Trachten und unvermeidlich viele Dinge, die du auf eine vollkommene und gute Form zurückbringen kannst.«[2] Max Ernst griff diese Praxis, den Bezug auf einen optischen Provokateur, 1925 in seinen ersten Frottagen auf.

Der erste Surrealist war jener prähistorische Unbekannte, der das Rad erfand. So behauptete der französische Dichter Guillaume Apollinaire 1917. »Als der Mensch den Gang nachahmen wollte, erfand er das Rad, das keine Ähnlichkeit mit einem Bein hat. Auf diese Weise hat er, ohne es zu wissen, surrealistisch gehandelt.« Denn er entdeckte eine Analogie zwischen Realitäten, die offenkundig nicht zusammengehörten. Auf der einen Seite das Bein, auf der anderen eine runde natürliche Form – vielleicht der Mond. Warum sollten Häuser stets so aussehen, wie sie es schon immer taten. Etwa so gleichförmig und traditionell in den Fassaden, wie sie bei René Magritte in seinem mit »La Poitrine« kurios betitelten Bild 1961 zu finden sind? Magritte: »Dieses Fenster! Wie es mich langweilt! Derartig – derartig rechtwinklig. Man hätte doch von dem, der das Haus gebaut hat, annehmen können, daß er – beim allerletzten Fenster – zumindest dieses eine anders eingesetzt hätte: schräg zum Beispiel. Vielleicht sollte ich das eines Tages für mich selbst so machen...« Günter Behnisch hat solche Fenster gebaut. Vor zwanzig Jahren ganz behutsam und tastend (Studienzentrum in Stuttgart-Birkach, Abb. 1), heute mit Nachdruck und künstlerischer Überzeugungskraft (Kindergarten Luginsland, Abb. 2). Surrealismus? Müssen ein Fenster, eine Schreibtischplatte, eine Dachfläche stets recht-

3

winklig sein – nur, weil das die Fertigung vereinfacht, weil es der ›Rechtwinkligkeit‹ der Apparate und ihres ›Denkens‹ Genüge tut?

Auf der anderen Seite: Kann der Zufall zum Markenzeichen von Baukunst werden, zu ihrem eigentlichen Wesensmerkmal? Kann der Architekt, der Begriff Dekonstruktivismus und der Vorwurf ›Mikado‹ legen es nahe, die geregelten, geometrisch ausgemessenen Pfade von Rationalität und Kausalität verlassen? Traut man denen, die in diesem ›Streit‹, der keiner sein dürfte, anderer Meinung sind, sollte man es glauben. Aber dennoch entstehen funktionstüchtige Häuser, sogar ›selten‹ schöne, überraschende und einzigartige Räume. Das Büro Behnisch hat mit seinen lange Zeit und noch heute vielfach verunglimpften Ideen nicht den Schiffbruch der klassischen Moderne erlitten. Denn aus dem Paradox von Freiheit und Bindung erwächst auch der Baukunst eine Vielfalt der Möglichkeiten, die einen Abschluß oder eine Grenze noch nicht erkennen läßt. Es ist zwar alles gesagt, aber es sollte – mit Marcel Duchamp – auch etwas offen bleiben. Das freie Experiment schafft hier Luft für Bewegung und Veränderung, ist ein Katalysator für den gesellschaftlichen Wandel, für eine Szenerie des Umbruchs auf vielen Ebenen. Die Realität der Baukunst ist nicht prinzipiell die einer regelhaften Ordnung von Bausteinen und Balken, sie ist vor allem die des Publikums – in der subjektiven Interpretation des Architekten. Kunst, auch Baukunst, ist mit Alfred Lorenzer darum immer mehr als eine bloße Verdoppelung der Realität. »Auch ein Stuhl ist ein Symbol, da sich in ihm ein bedeutungsvoller Entwurf realisiert hat, in dem eine ›Handlungsanweisung‹ enthalten ist. Im Gebrauch des Stuhls ist eine bestimmte Körperhaltung ›vorgezeichnet‹, und der Stuhl ist Bestandteil einer Erlebnisszene. Hierin bestätigt sich der Zusammenhang von Kunst und lebenspraktischer Gegenständlichkeit.«[3] Kunstwerke sind lediglich Sonderfälle aus der Gesamtheit der ›Dinge‹ dieser Welt als Bedeutungsträger. Innerhalb einer großen Fülle vom Menschen hergestellter Gegenstände sind es diejenigen, »die keinen anderen Zweck haben als den, als Bedeutungsträger zu wirken,

soziale Muster in die Individuen zu transportieren, um deren persönlichkeitsinterne Entwürfe zu beantworten, herzustellen, zu verändern und zu organisieren«. Die ›zweckfreien‹ Gestaltungen der Kunst wie die in den Gebrauch eingewobenen Handlungsanweisungen der Gegenstände unseres täglichen Umgangs stellen »Entwürfe für szenisch entfaltete Lebenspraxis« dar und sind insofern in ihrer Bedeutung und ihrem Symbolwert gleichrangig.

Eine Realität, die vom Geist, der sie begreift, sie sieht oder fühlt, vollständig unabhängig ist, konnte es schon nach Auffassung des französischen Physikers und Mathematikers Henri Poincaré nicht geben. Darin sind die Pyramiden des alten Ägypten ebenso eingeschlossen wie das geometrische Grundvokabular der klassischen Moderne – bei aller inzwischen durchschauter Übervorteilung des Publikums. »Wenn wirklich eine derartige äußere Welt bestände, sie wäre uns für alle Zeiten unzugänglich. Das, was wir ›objektive Wirklichkeit‹ nennen, ist, wenn man es recht überlegt, das, was vielen denkenden Wesen gemein ist oder was allen gemein sein könnte. Nicht die Natur drängt uns die Begriffe von Raum und Zeit auf, sondern wir drängen sie der Natur auf, weil wir sie bequem finden ... Alle diese Regeln, alle diese Definitionen sind nur die Früchte eines unbewußten Opportunismus.«[4] Hugo Häring hatte das für die Architektur 1952 noch früher erkannt: »Wir müssen die Geometrie durchbrechen, wir müssen uns freimachen von der Vorstellung, daß die Technik etwas Bestimmtes gebietet, während doch wir es sind, die die Technik gebrauchen und ihr ihre Aufgabe zuweisen.« (Abb. 3) Der Pluralismus der Postmoderne verfährt mit Wolfgang Welsch nach eben diesem Gesetz, wenn auch gerne im Pathos von Symmetrie und Klassik. »Potpourri und Disneyland sind die naheliegenden Verfehlungen der angestrebten Vielfältigkeit.«[5] Und: »Aus den avantgarde-ästhetischen Paukenschlägen der Moderne sind Rhythmen des Alltags geworden. Fragmentierung, Szenenwechsel, Kombination des Diversen, Geschmack an Irritation sind heute allgemein, von der Medienkultur über die Werbung bis zum Privatleben.«[6] Insofern ist der Vorwurf der Zufälligkeit einer Form abwegig – heute mehr denn je. Vor allem aber im Fall der Architektur, da diese vermeintliche Zufälligkeit – die Dynamik der freien Form – um eine konstruktive Ordnung im Sinne von Statik und Tragwerkslehre beziehungsweise um Funktion und Zweck des Bauwerks gar nicht herumkommt. Die Stützen eines Bauwerks können nicht wie die »Trois stoppages étalon« des Marcel Duchamp ihre Form im freien Fall finden. Duchamp hatte 1913 einen ein Meter langen Baumwollfaden, in ein Meter Höhe waagerecht gehalten, zu Boden fallen lassen. Dieses Experiment führte in der dreimaligen Wiederholung und Fixierung der neu gefundenen Formen auf blauer Leinwand und in Holz zu einem mit wissenschaftlicher Akribie ›konservierten Zufall‹. Die Stützen eines Bauwerks stehen dagegen in der Verantwortung, dieses Bauwerk zu tragen und Menschen

3 Hysolar. Forschungs-
  und Institutsgebäude der
  Universität Stuttgart,
  Stuttgart-Vaihingen
4 Albert-Schweitzer-
  Schule, Bad Rappenau

4

sicher und angemessen zu beherbergen (Abb. 4). Das aber verlangt andererseits durchaus nicht, daß diese Stützen paradieren – stramm, aufrecht, in identischer Erscheinung und geregelter Marschordnung. Oder, daß sich diese Stützen zu einem Kreis ordnen, um sich mit einer Kuppel zu krönen. Vielleicht gibt es wichtigere Aussagen und Ziele, den gebauten Raum des Menschen betreffend, als die Vermutung zu hofieren, daß er nicht einstürzt oder daß ihn ein König bewohnt. Es wäre immerhin möglich, denkbar. Der Gegenbeweis, was das Einstürzen von Gebäuden oder das Versagen der Herrschenden betrifft, ist oft genug erbracht worden. Es scheint verzeihlich, sich für eine noch nicht sehr lange standhafte Demokratie ein anderes Parlamentsgebäude zu wünschen als ausgerechnet ein unheilvolles wilhelminisches ›Schloß‹ (Paul Wallot), zu dessen Fertigstellung dem Architekten von seinen Kollegen das Deutschlandlied zelebriert wurde – wenn auch mit ausgetauschtem Text. »Meister, sichern Blickes schreite kühn die Bahn des freien Mannes, unbeirrt und ungeblendet von des Tages Gunst und Glanz! Heil in unserem Herzen Dir lodert der Dank des Vaterlandes! Huld'gend reichen Mit- und Nachwelt Dir der Ehren vollen Kranz.«[7] Der Zustimmung der Politiker war Wallot im übrigen ebenso sicher: ». . . es ist wirk ich keine Phrase, wenn ich betone, daß ich sowohl vom Reichsamt des Inneren, wie von dem Ministerium der öffentlichen Arbeiten stets das freundlichste Entgegenkommen gefunden habe.« Kein Wunder, war doch schon in der Ausschreibung des Wettbewerbs ausdrücklich eine monumentale Lösung verlangt worden. Die künstlerische Eigenständigkeit des Reichstags aber, der sich im Geist seiner Epoche gezwungen sah, auf traditionelles Herrschaftsrepertoire zurückzugreifen, beschränkte sich darauf, den Herausgeber der »Weltbühne«, den Journalisten Kurt Tucholsky, dieses Hauses zu verweisen. Folgerichtig.

Auch Bauen dient, wie jede Kunst, dem Genius, um seine Zeit durch diese auszudrücken und um eine lebendige Entwicklung im Fluß zu halten. Form ist Ausdruck des geistigen Gehaltes. Form wird durch die Anwendung von mathematischem, also unkünstlerischem Schema-

tismus auswechselbar. Das Verhältnis zur Umwelt wird programmatisch festgelegt und dadurch spannungslos. Durch diesen Mangel an Vitalität entsteht ein geistiges Vakuum. An Stelle der lebendigen Auseinandersetzung des aktiven einzelnen mit seiner Umwelt tritt die geistige Versklavung durch die Diktatur der Methodik. Freiheit lebt nur in der ständigen Auseinandersetzung des einzelnen mit der Realität und im Erkennen der persönlichen inneren Verantwortung gegenüber Ort, Zeit und Mensch. An die Stelle der Starre tritt die Bewegung, der Symmetrie die Asymmetrie, der Statik die Dynamik. An die Stelle der monotonen Übersichtlichkeit tritt die Überraschung. – Alle diese Sentenzen sollten korrekterweise in Anführungszeichen stehen. Es ist unterblieben um der Überraschung willen. Die Zitate aus dem Jahr 1960 stammen nicht von Günter Behnisch, auch wenn ganz ähnliche aufzufinden wären.

Reinhard Gieselmann und Oswald Mathias Ungers verfaßten diesen Aufruf »Zu einer neuen Architektur«[8]. Günter Behnisch baute zu dieser Zeit die Staatliche Ingenieurschule in Ulm und entwarf ein Rathaus für Mannheim, das den ersten Einblick in die Risiken industrieller Fertigung schon verarbeitete und umsetzte. Das Anliegen der Thesen, die Ungers in seinem Berufungsvortrag an der TU Berlin 1963 noch prononcierter wiederholte und unter anderem mit dem Beispiel des Kasseler Theaterprojekts von Hans Scharoun belegte, ist alt. Es bezeichnet eines der beiden konkurrierenden Grundmotive der Architektur.

Hermann Muthesius gebrauchte vor hundert Jahren zwar nicht den mißliebigen Begriff ›Dekonstruktivismus‹, meinte aber dennoch ein im Ansatz ähnliches Phänomen. Anläßlich der Kritik eines Rathausentwurfs für Stuttgart verwendete er den Begriff des Pittoresken. Er sprach von der »malerischen Gruppierung«, die gestattet, jedes Bauteil seinem Wesen entsprechend auszubilden und »sich den Forderungen des Bedürfnisses aufs innigste anzuschmiegen«, ohne freilich die Architektur »künstlich wild« zu machen (1895). Carlo Schmid definierte Demokratie als eine Form, »in der sich ein Volk aus dem Verfallensein an das Nur-Geschichtliche, Nur-Biologische, Nur-Naturalistische löst« und sich emanzipiert. »Emanzipieren heißt aber, sich und andere in die Freiheit der Eigenständigkeit der Gestaltung der Lebensordnung zu führen« (1960). Das Dilemma einer in diesem Sinne emanzipierten Architektur ist oft genug eine städtebauliche Kulisse, die überfrachtet ist mit Vielfalt und Pluralität in einem negativen (aber nichtsdestoweniger demokratischen) Sinne. Das »Malerische«, die Besonderheit des Einzelfalls, gerät dann in Gefahr, mit derart willkürlichen Wucherungen verwechselt zu werden. Eine frei formulierte Architektur mit demokratischem Anspruch wird vor einem solchen Hintergrund nur wenig argumentativen Rückhalt finden. Aber dem gleichen Verschleiß sind auch die Würdemotive der Gegenseite unterworfen. 1973 entwarf Jeremy Dixon ein Rathaus für Northampton als Pyramide, heute sehen so Museen, Hotels und Autobahnraststätten aus. Auch der Kreis als Symbol hat schon Gefängnissen, Narrenhäusern, Bürogebäuden oder gewaltigen Monumenten totalitärer Regime gedient. Es ist wahr, es gibt kein einziges allein der Demokratie verpflichtetes Architekturelement. Und dennoch läßt sich aus dem bekannten Formenrepertoire der Architektur eine Utopie nicht nur der regelhaften Ordnung, sondern auch der freien Ordnung entwerfen. Sollte eine Architektur, die gegen die starren Regeln ihrer eigenen Disziplin angeht — Adolf Arndt: »...je unregelmäßiger, um so mehr gegliedert nach innerem Gesetz« — nicht geeigneter sein, einen demokratischen Anspruch zu verkörpern?

»Nein, die griechische Harmonie ist ein Trugbild brillentragender Philologen. Diese Architektur aus drei Horizontalen, drei Senkrechten und zwei Schrägen hat uns die unerschöpfliche Fülle von Formen versteckt, hat unser Herz eingekapselt und unser Auge verdorben. Sie hat uns das Vorbild aller modernen Reißbrettarchitektur beschert und uns verleitet, alle Architektur als glatt unmöglich zu verdächtigen, die kreuz und quer, quellend, bunt, dithyrambisch ist, die mit Prismen und Blasen, mit Kugeln, mit Treppen, unregelmäßigen Buckeln, mit Licht, mit Bildern aus Stein und aus Farbe, mit Hohlräumen, mit tausend unerkennbaren Schönheiten arbeitet.«[9] Adolf Behne, von dem diese Sätze stammen, ließ in seinem Buch »Der moderne Zweckbau« Scharoun und Le Corbusier in einem fiktiven Gedankenaustausch aufeinandertreffen: »Warum«, so fragte Scharoun, »muß alles gerade sein, da das Gerade doch erst durch die Umwelt wird?« — »Eben weil nichts isoliert bleiben kann«, so dürfte ihm Le Corbusier antworten, »weil wir alle zur Umwelt stehen, muß alles gerade sein und ist die Kurve individualistische Disziplinlosigkeit.« — »Läuft der Funktionalismus Gefahr, sich bis zum Grotesken zuzuspitzen«, führte Behne diese Grundsatzfrage weiter aus, »so der Rationalismus, sich zu einem Schema abzuplatten. Der auf Ausdruck gestellte einzelne kommt ganz logisch zur bewegten, möglichst flüssigen Kurve, die jeder Funktion nachgibt... Der Rationalist, eingestellt auf ein Zusammen, kommt ebenso logisch zur Betonung der Geraden und des rechten Winkels.«[10]

Günter Behnisch hat der Kunst des Bauens wie kaum ein anderer das realitätsferne Pathos genommen. Er hat nicht die »informelle Architektur« des Amerikaners William Katavolos verfolgt, der der Architektur 1960 mit chemischen Baustoffen die totale »organische« Freiheit vermitteln wollte. Er ist nicht den Kurvaturen des »anderen Bauens« gefolgt, um die Ideen Hugo Härings aufzugreifen. In erstaunlicher Konsequenz und mit bewundernswerter Ausdauer haben Günter Behnisch, seine Partner und Mitarbeiter eine singuläre, überaus eigenständige Architektur entwickelt. Eine bei allen Vorbehalten und trotz aller ästhetischer Freiheiten realistischerweise an der Technik orientierte, ebenso baubare wie kunstvolle Architektur. Kein Breakdance, kein Zugunglück, insofern kein Dekonstruktivismus. Vor allem kein nach künstlerischen Gesichtspunkten objektivierter Zufall, sondern eine einfühlsame und mutige subjektive Aussage. Man könnte sogar mit Adolf Behne die These vertreten, die Gebäude wenden sich von den Konventionen der »Baukunst« ab und entwickeln nichts anderes als einen — endlich richtig verstandenen — Funktionalismus. Denn die Kunstwerke des Funktionalismus, das waren die Märkischen Viertel der sechziger Jahre — so Julius Posener. Den Realitätssinn des Funktionalismus belegen so standhafte und nützliche Gebäude wie die Schulen und Kindergärten, die hier versammelt sind. Günter Behnisch wie Marcel Duchamp stiften zur Unähnlichkeit an. Das verlangt ein großes kreatives Potential, das der ständigen Anregung — auch durch Zufälle — bedarf. Die zum Ziel erhobene Unähnlichkeit schmälert notwendigerweise den Einfluß derer, die sie propagieren. Aber ein Mensch wie ein Gebäude sind nicht mehr als das, was sie von allen anderen unterscheidet.

Auf dem Weg zu einer so verstandenen Vielfalt, zu einer substantiellen, nicht nur postmodern-rhetorischen Ganzheit spielen Avantgarden nur sehr bedingt und für kurze Zeit eine tragende Rolle, weil sie oft genug im Sinne der Herrschenden voranschreiten oder kurzlebigmodisch untergehen. Entscheidend sind einzelne Widerständler, die nicht den herrschenden Verhältnissen gehorchen, sondern das vorhandene Potential der Ausdrucksformen tiefgreifend neu umsetzen — zu einer persönlichen Stellungnahme. Das ist Behnisch gelungen. Daß sich die herrschenden Verhältnisse in diesem Sinne umorientieren könnten, gehört zu den wahren Zufällen, wenn nicht Seltenheiten der Architekturgeschichte. In diesem Fall wäre das Resultat nicht die feste Burg, sondern eine Freiheit der Form, die es anders als der Zufall wert ist, architektonisch fixiert zu werden.

1 Gerrit Confurius, Architektur und Demokratie, Bauwelt 16/1992, S. 885
2 Leonardo da Vinci, zitiert nach: Bernhard Holeczek, Lida von Mengden (Hrsg.), Der Zufall als Prinzip, Heidelberg 1992, S. 16
3 Alfred Lorenzer, Das Konzil der Buchhalter. Die Zerstörung der Sinnlichkeit. Frankfurt am Main 1981, S. 30 f.

4 Zitiert nach: Alain Jouffroy, Une révolution du regard, Paris 1964, S. 122
5 Wolfgang Welsch, Unsere postmoderne Moderne, Weinheim 1988, S. 62
6 Wolfgang Welsch, a.a.O., S. 194
7 Michael S. Cullen, Der Reichstag. Die Geschichte eines Monumentes, Stuttgart 1990, S. 253

8 Zitiert nach: Ulrich Conrads, Programme und Manifeste zur Architektur des 20. Jahrhunderts, Braunschweig 1975, S. 158 f.
9 Adolf Behne, zitiert nach: Oswald Mathias Ungers, Prinzipien der Raumgestaltung. Berufungsvortrag TU Berlin 1963, arch + 65, Oktober 1982, S. 48
10 Adolf Behne, Der moderne Zweckbau, Frankfurt/Berlin 1964, S. 60 f.

Vom Raster zur Collage – Fünf Projekte

1

Fachhochschule Ulm

In den fünfziger Jahren hatten wir zunächst einige Schulgebäude geplant, dann das Landratsamt in Schwäbisch Gmünd und danach die Anlage für die Ingenieurschule in Ulm. Zwei Jahre zuvor hatte die UdSSR den ersten Satelliten am Rande der Atmosphäre stationiert. Angeblich völlig überrascht und geschockt reagierte der Westen. In der Bundesrepublik wurde beschlossen, Ingenieure vermehrt und verbessert auszubilden. Man wollte einen angeblichen Rückstand aufholen.

Bestehende Ingenieurschulen wurden ausgebaut, neue wurden gegründet; in Württemberg: Ulm, Aalen, Heilbronn, Biberach und andere. Man ›streute‹ diese Neugründungen, um die existierenden regionalen Zentren des Landes zu stärken.

Seit längerem hatte sich der Bund Deutscher Architekten (BDA) darum bemüht, daß freie Architekten die Bauten der öffentlichen Hände planen und daß Entwürfe und Architekten mittels offener Wettbewerbe gesucht werden. (Ich meine, man sollte das hierfür erforderliche Instrumentarium sorgsam pflegen. Bei allen möglichen Mängeln – die Vorteile dieses Verfahrens überwiegen. Ich vermute, daß die relativ hohe Qualität öffentlicher Bauten in Baden-Württemberg mit dieser Praxis verbunden ist.)

1958 wurde dann im Lande Baden-Württemberg der Architektenwettbewerb für den Neubau der ersten neuen Ingenieurschule ausgelobt. Diese sollte in der Stadt Ulm sein. An diesem Wettbewerb hatten wir uns beteiligt, und unsere Arbeit wurde an die erste Stelle gesetzt; unter – ich meine – mehr als einhundert anderen Arbeiten. (Wir das waren damals die Architekten Günter Behnisch und Bruno Lambart. 1952 hatten wir unser Büro infolge eines Wettbewerbserfolges gegründet. 1955 hatten wir dann in Düsseldorf ein zweites Büro aufgebaut – ebenfalls nach Wettbewerbserfolgen. Lambart ging dann 1956 dorthin, und bald trennten sich unsere Wege.) Den Wettbewerbsentwurf für die Ingenieurschule in Ulm habe ich seinerzeit mit Lothar Seidel bearbeitet. (Lothar Seidel ging dann für uns nach Radolfszell und hat dort eine Reihe guter Bauten realisiert. Seit einem Jahr hat er sich zurückgezogen.)

Die freie Reichsstadt Ulm war 1840 Bundesfeste geworden und 1871 Reichsfeste. Die Stadt war mit Mauern und Wällen umgeben und hatte dann 1873 auch noch einen Fortgürtel erhalten. Bald zeigte sich auch dort, daß Hochrüstung unbeweglich macht und Entwicklungen in anderen Bereichen behindert. So mußte man schon Ende vergangenen Jahrhunderts Teile der Mauer wieder schleifen, um die notwendigen Flächen und Durchbrüche für die Entwicklung der gewerbetüchtigen Stadt Ulm zu gewinnen. Der Entschluß zu dieser ›Abrüstung‹ wird erleichtert worden sein durch die Tatsache, daß die die Entwicklung der Stadt knebelnden Befestigungsanlagen einem Krieg neuerer Art ohnehin nicht genügen würden.

Das Gelände eines der vom preußischen Festungsbaumeister von Prittwitz realisierten Forts – heute an der

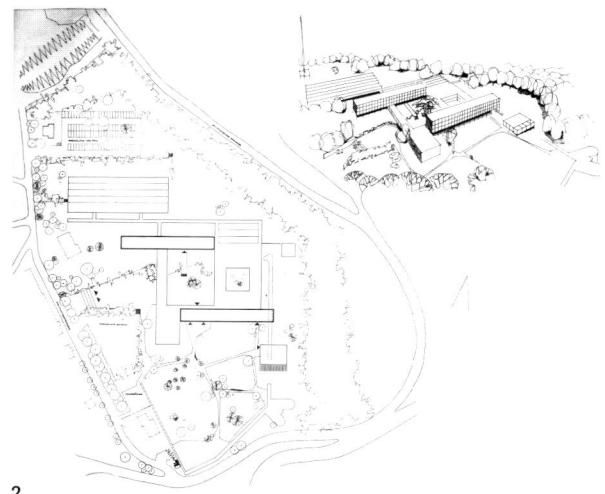

2

Ausfallstraße nach Stuttgart gelegen – wurde als Baugelände für die neue Ingenieurschule gewählt; am Rande des Donautales gelegen, nordöstlich des Stadtkernes, am Abfall der Ausläufer der Schwäbischen Alb zum Donautal hin, über der Stadt Ulm: ein herausgehobener Ort. Von hier aus blickt man über Stadt und Donautal. Als wir begannen zu planen, waren dort noch alte Kasernenanlagen, Teile der Befestigungsmauer, des Grabens, von Wall und Kasematten vorhanden. Die Kasernen hat man abgerissen, und ein Teil des Grabens wurde zugeschüttet. So ging man seinerzeit mit solchen Dingen um. Erhalten blieben der dem Wall folgende Grünzug mit alten Bäumen, ein Teil des Grabens und der Befestigungsanlagen mit Kasematten im Süden der Anlage, dort wo das Gelände steil abbricht zur Stadt hin. Nach dem Abräumen ergab sich eine leicht nach Süden hin abfallende Ebene, im Osten begrenzt durch die Wallanlagen, im Süden durch die Bastionen und im Westen und Norden eher offen. Hier waren schon früher Teile der ursprünglichen Anlage einer Eisenbahnlinie und einer Stadtstraße gewichen.

Auf dem Gelände waren noch einige Kiefernbäume. Eigentlich sind diese Bäume in Ulm nicht zu Hause. Der preußische Festungsbaumeister hatte sie wohl mitgebracht aus seiner Heimat. Diese Kiefern konnten erhalten werden. Sie markieren noch heute das Besondere dieses Ortes. Günther Grzimek, der Landschaftsarchitekt, – mit ihm arbeiteten wir dort zum ersten Mal zusammen, später haben wir mehrmals zusammen gewirkt, auch am Olympiapark in München – hat dann das herbe, eher preußische Bild des Ortes aufgenommen und weiterentwickelt.

Der Entwurf sah zwei schlanke, mehrgeschossige, rund 100 Meter lange Baukörper vor. Diese stehen versetzt parallel hintereinander. Die in diesen Baukörpern einhüftig angeordneten Seminarräume blicken nach Süden über Stadt und Landschaft. Diese Baukörper erheben sich über einen ein- bis zweigeschossigen (das Gelände fällt ja nach Süden ab), stärker gegliederten Flachbau, der sich verzahnt mit Elementen der Landschaft. In ihm liegen Labors, Verwaltungsräume, Bibliothek und so

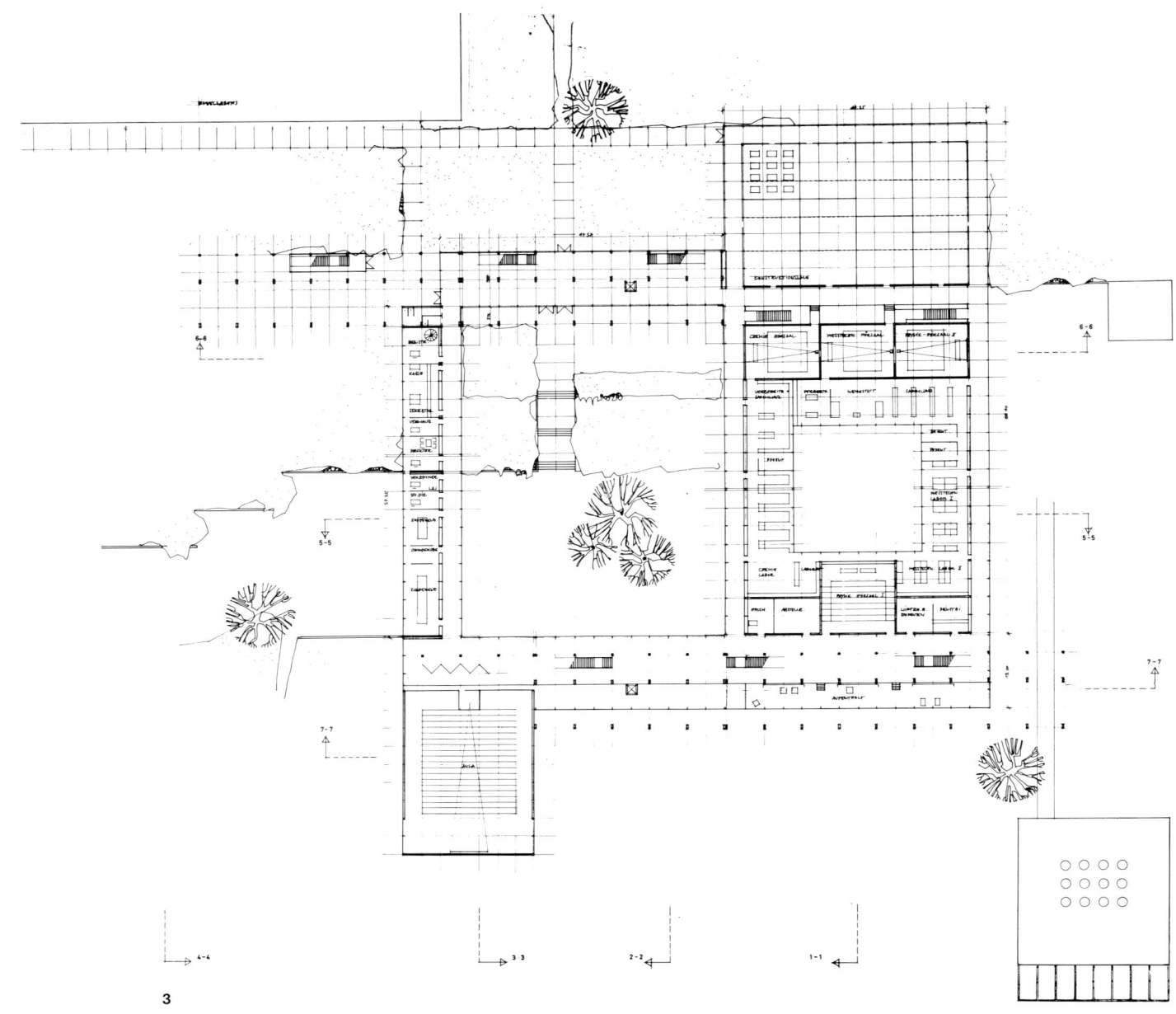

3

weiter. Von diesem Baukörper ›abgespalten‹ und um denselben sind Solitärbauten entstanden, Satelliten ähnlich (Werkstätten, Kernlabor, Mensa...).

Das beim Ausheben der Baugruben anfallende Material wurde im Süden des Geländes — oberhalb der noch vorhandenen Fortifikationen — zu einem kleinen Berg aufgeschüttet. Dieser Berg hält das nach Süden abzurutschen scheinende Gelände. Vom Berg aus bietet sich ein guter Überblick über Stadt, Landschaft und Schulanlage.

Ich hoffe, ich erinnere mich noch richtig: In unserem Büro war Winfried Büxel der Projektleiter, später einer unserer Partner. Als Praktikant hat Carlo Weber Regelschnitte gefertigt (später unser Partner und heute bei Auer & Weber). Durchgearbeitet wurde die Anlage unter anderem von dem Praktikanten Manfred Sabatke (später unser Partner und Professor in Augsburg). Die Bauleitung hatte Erich Becker. Er hat uns dann verlassen, und wir haben den Kontakt verloren. In der letzten Phase hat Erhard Tränkner mitgewirkt (später unser

Partner und seit vier Jahren Präsident des BDA). Außerdem waren beteiligt: der Praktikant Frohmut Kurz, später ein führender Architekt in unserem Olympiabüro in München und danach selbständig im Architekturbüro Bauer, Kurz, Stockburger in München, und andere mehr.

Ernsthafte Probleme gab es mit dieser Anlage nicht, nicht während des Bauens und auch nicht danach. Allgemein anerkannt wurde die hohe Qualität in städtebaulicher, architektonischer, räumlicher und technischer Hinsicht. Und geschätzt wurde ihr ästhetischer Wert.

Der Betrieb der Schule besetzte bald alle Raumreserven. Und man mußte versuchen, hier und da Nischen, Flurenden und so weiter zu Räumen umzugestalten, im Eigenbau. Aber das hielt sich in Grenzen. Man versuchte selbstverständlich, auch solche Stellen zu besetzen, die unserer Meinung nach von Bedeutung waren bezüglich der Erscheinung und des ästhetischen Wertes, die im praktisch-funktionalen Bereich jedoch offen schienen: Die offenen Bereiche im Erdgeschoß am westlichen Ende des nördlichen Seminarraum-Traktes und in den

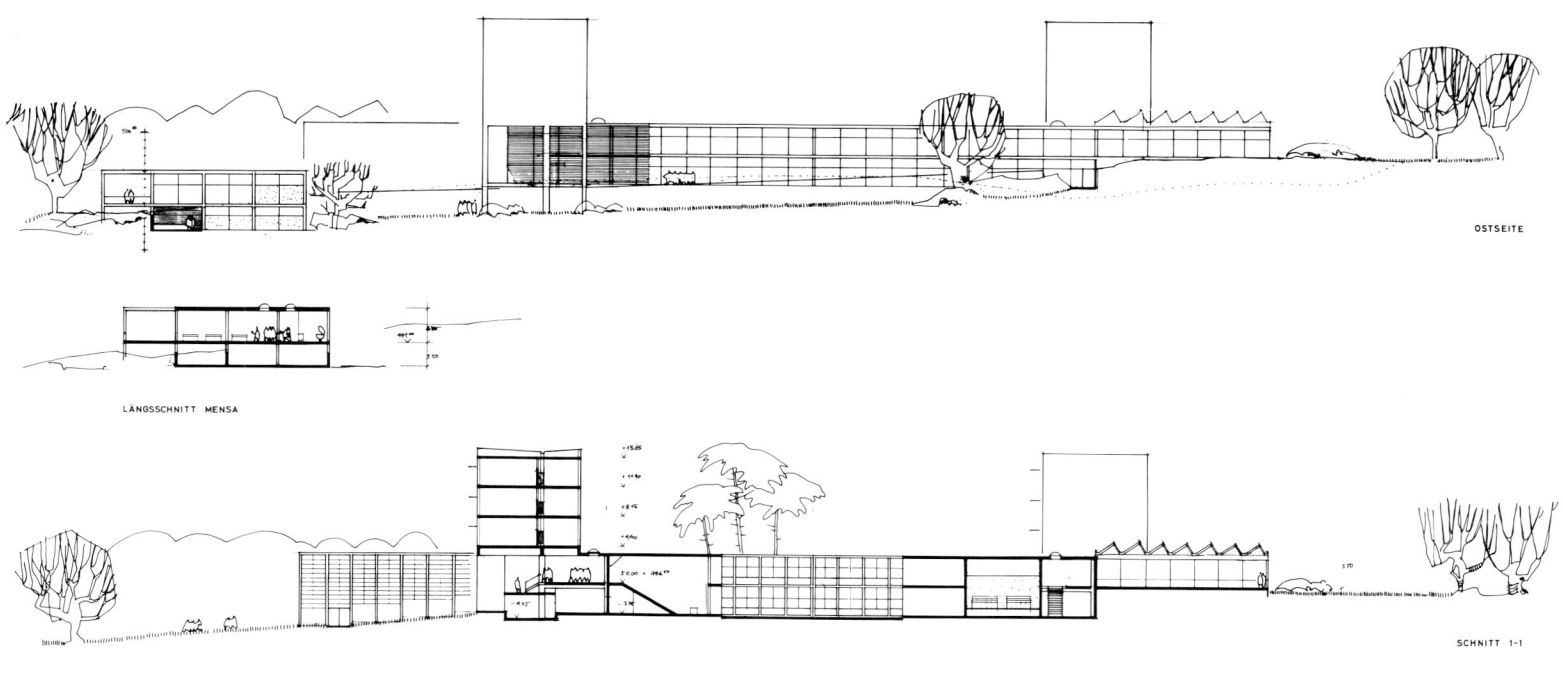

OSTSEITE

LÄNGSSCHNITT MENSA

SCHNITT 1-1

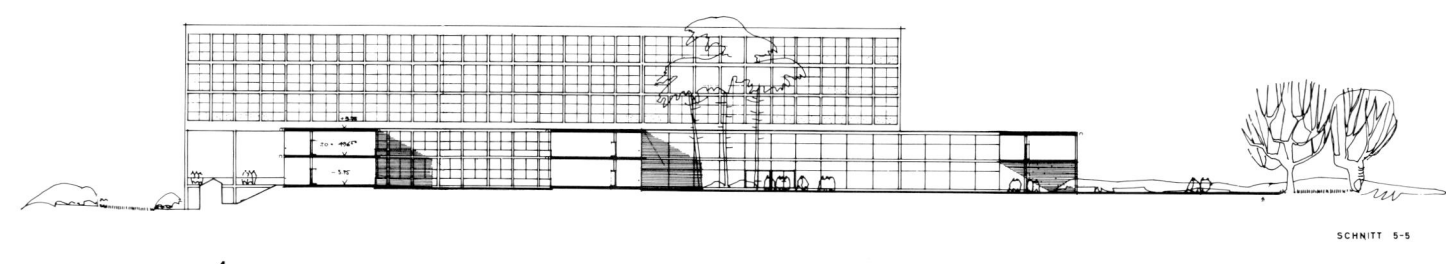

SCHNITT 5-5

4

3 Grundriß Erdgeschoß
4 Ansichten, Schnitte

zwei unteren Geschossen am westlichen Ende des südlichen Seminarraum-Traktes. Solche Versuche wurden jedoch nie aus einer Machtposition heraus angelegt. Man war einfach in Schwierigkeiten. Wir konnten diese Versuche abwehren, dort wo sie zu Lasten der Anlage gegangen wären.

Vor einigen Jahren haben wir dann an zwei Stellen die Anlage erweitert. Einmal am östlich des Eingangshofes liegenden Labor-Trakt. Hier haben wir eine Reihe von Räumen angefügt über zwei Geschosse zum Innenhof hin. Der bis dahin auf einer Seite zum Innenhof hin offene westliche Flur des Labor-Traktes wurde damit zum Innenflur. Möglicherweise verlor er damit einen Teil seiner Architekturqualitäten. Und möglicherweise wurde damit auch das innere Verkehrssystem, welches ursprünglich sehr klar und übersichtlich war, weniger offensichtlich. Allerdings wurde durch diese Erweiterung eine größere Zahl dringend benötigter Räume gewonnen, zentral gelegen, und diese fügen sich zwanglos in die Anlage. Derjenige, welcher den ursprünglichen

Zustand nicht kannte, wird annehmen, das sei von Anfang an so gewesen.

Zum anderen wurden Räume für eine Bibliothek im Erdgeschoß des südlichen Seminarraum-Traktes angefügt. Am Äußeren ist dort eine schräge Glasfassade hinzugekommen. Sie bereichert eher die Südfront, als daß sie diese stören könnte. Im Innern ist es nun jedoch etwas voller, und der Aufenthaltsbereich, der zunächst direkt an der Südfront lag, ist in die zweite Reihe gerückt. Obwohl seinerzeit Vertreter des Kultusministeriums überzeugt waren davon, daß diese Anlage nie erweitert werden müßte, hatten wir doch so geplant, daß sowohl höhere wie flachere Bauteile hinzugefügt werden könnten. Tatsächlich jedoch bauten wir schon bald ein Kernlabor östlich des Hauptbaues und ein Mensagebäude im Südosten der Anlage. Diese Erweiterungen fügen sich zum Kern des Ganzen. Ohnehin verzahnt sich der Flachbau des Schulgebäudes mit dem Gelände. Er öffnet sich diesem gegenüber, er franst aus und bekam mit diesen Ergänzungen weitere ›Satelliten‹.

5

6

5 Nordfassade
  mit ›saniertem‹ Beton
6 Blick durch die Passage des
  Nordbaus auf Verwaltung
  und Aula
7 Nördlicher Seminartrakt und
  Verwaltungsgebäude
8 Terrasse vor der Mensa

7

8

9

10

9 Werkstätten
10 Konstruktionssaal
11 Südfassade mit der 1986 angebauten Bibliothek
12 Bibliothek, Innenraum

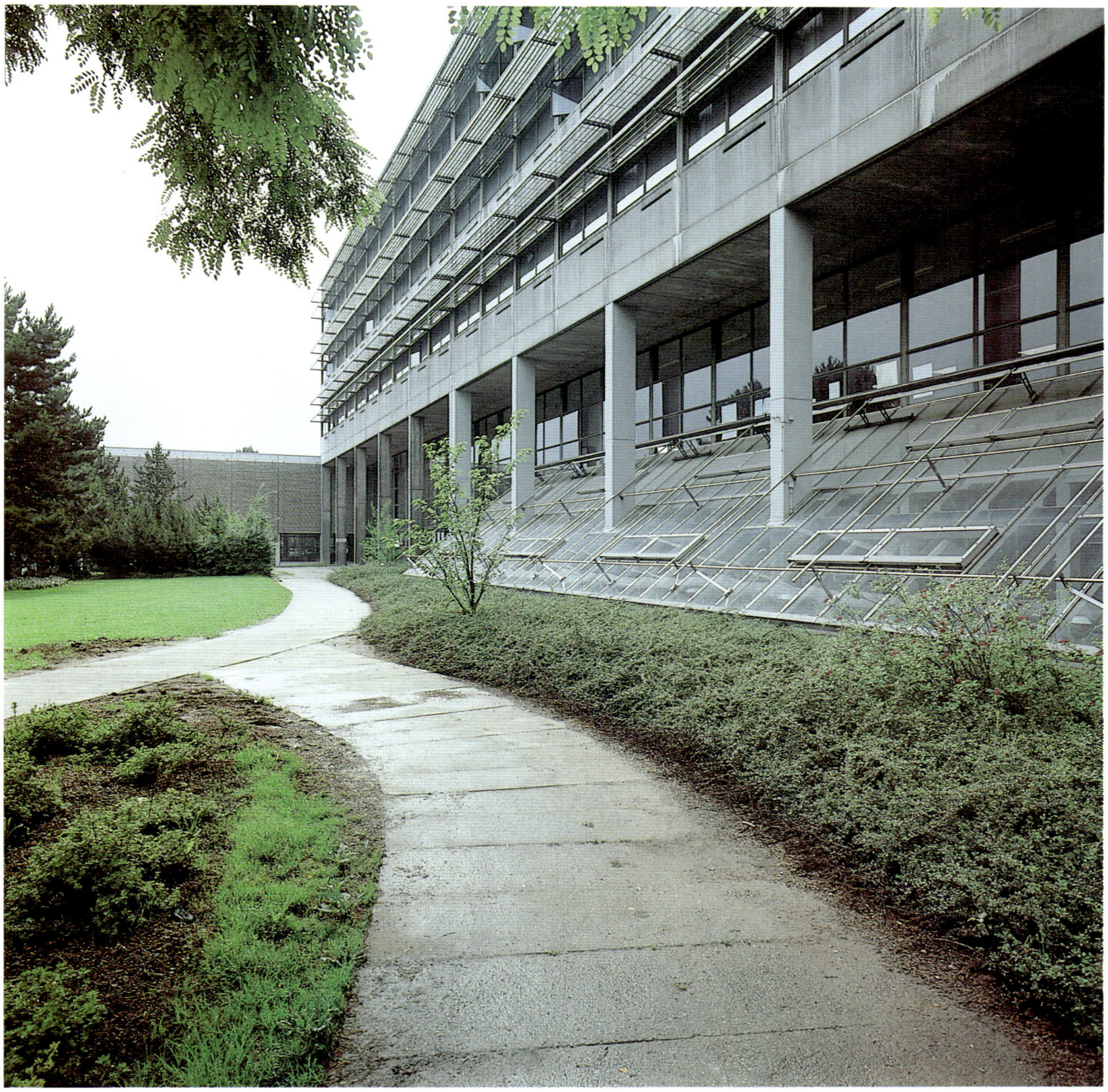

11

Das staatliche Hochbauamt meinte dann nach einigen Jahren, ein weiteres Werkstattgebäude hinzufügen zu müssen – ohne unsere Beteiligung. Das ist schiefgegangen – wie zu befürchten war.
Als offensichtlich wurde, daß die nun zur Fachhochschule aufgewertete Ingenieurschule in größerem Umfang erweitert werden müßte, haben wir untersucht, ob, wie und in welchem Umfang dies geschehen könnte. Ganz brauchbare Lösungen wurden dabei gefunden. Die staatliche Bauverwaltung des Landes Baden-Württemberg hat dann zwei andere Architekten mit dieser Aufgabe betraut, auf einem anderen Gelände allerdings. Einer dieser Architekten ist Frei Otto. Und man muß zugeben, daß es leicht schlimmer hätte kommen können. Frei Otto hat erklärt, daß er diesen Auftrag nicht angenommen hätte, wenn die Ergänzungsbauten nicht auf einem anderen Grundstück hätten erstellt werden können. In Ordnung. Andererseits, man hätte sich ja

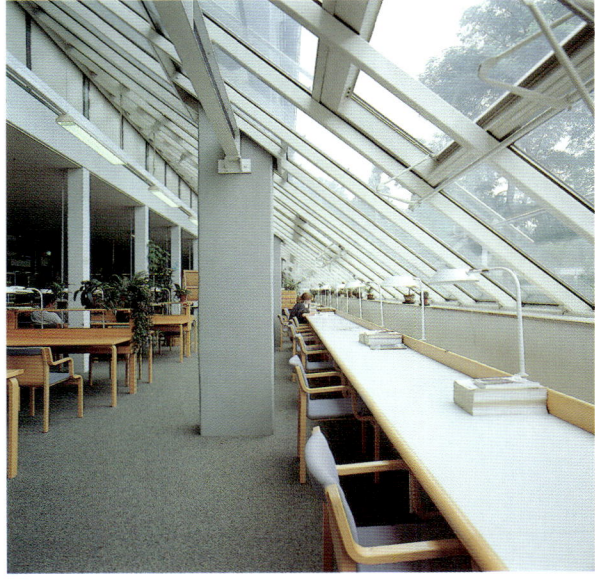

12

13

**Flur zwischen Hörsälen
und Konstruktionssaal**

schmiere überzogen. Man wollte den Beton konservieren, ohne daß die Notwendigkeit zu dieser Maßnahme überhaupt festgestellt worden wäre und ohne daß wir informiert worden wären. Ich vermute, daß die Verunstaltung unnötig und zum Nachteil der Anlage geschah. Unnötig, weil die Fassade aus sogenannten Schock-Beton-Elementen war (ein extrem verdichteter Fertigbeton). Wohl war am Gesimselement ein horizontaler Riß entstanden, aber aus anderen Gründen. Wir hätten das leicht aufklären und mit geringem Aufwand beheben können. Zum Nachteil des ästhetischen Wertes, weil das, was ›echt‹ und dem Zeitgeist entsprechend war, nun überschmiert und verdeckt wurde. Eine unnötige Maßnahme! Man meinte, uns nicht zu Rate ziehen zu müssen. Vielleicht war auch die Tatsache, daß man in der OFD einen hauseigenen Ingenieur beauftragt hatte, existierende Betonbauten zu kontrollieren und zu sanieren, die Ursache für diesen Übereifer. Jedenfalls sind die Fassaden heute schlechter als vorher; auch infolge der Tatsache, daß zum Teil nicht mit derselben Sorgfalt geplant und gearbeitet wurde, wie dies beim Neubau geschah. Und ich befürchte, daß in diesem speziellen Falle der angerichtete Schaden – auch in technischer Hinsicht – größer ist als der vermutete Nutzen.

Ich hoffe, daß das der einzige ›Ausreißer‹ bleibt. Wohl hatten wir protestiert. Aber wir hatten zu spät von dem Vorgang erfahren. Nur die große Südfassade konnte noch gerettet werden.

Die Bauten der fünfziger Jahre haben es heute schwer. Sie sind der Willkür schneller In-Ordnung-Macher ausgeliefert. Sie entsprechen nicht mehr denjenigen Anforderungen und Vorschriften, die heute an vergleichbare Bauten gestellt werden. Alleine bei der Wärmedämmung bestehen große Defizite. Seinerzeit rechnete man aus, daß es billiger wäre, ohne aufwendige Wärmedämmung zu bauen und statt dessen etwas mehr zu heizen. Heute gelten andere Vorschriften, und wir denken anders. Von dieser neuen Position her müßte man eigentlich die Gebäude der fünfziger Jahre mit Vollwärmeschutz überziehen. Und ähnlich ist es in anderen Bereichen. Aber diese Veränderungen würden nun das Bild derjenigen Kräfte verderben, die seinerzeit beim Entstehen wirksam waren. Der Charakter der Gebäude würde verdorben. Ich nehme an, daß man einige Marksteine der Architektur dieser Zeit in ihrer ursprünglichen Form lassen sollte. Zu diesen sollte die Anlage der Fachhochschule in Ulm zählen. Vielleicht sollte man diese Bauten zum Denkmal machen. Und man sollte sich beeilen, denn ein neuer Eifer steht an: Die Anlage wird nicht mehr den heutigen Anforderungen gerecht seitens des Brandschutzes. Wohl könnte man auf einige Forderungen noch reagieren. Und wir müssen auch einräumen, daß diese Forderungen maßvoll erscheinen. Andererseits müssen wir davon ausgehen, daß die Grenzen für die Möglichkeiten bei solchen Veränderungen eng gezogen sind. Vom Wesen der Anlage her. Man müßte die aus heutiger Sicht als mangelhaft zu bezeichnenden Eigenschaften solcher Gebäude akzeptieren.

auch vorstellen können, daß in diesem Falle wir die Erweiterungsbauten der Ingenieurschule hätten planen können…

Über all die Jahre hinweg wurde die Anlage gut in Ordnung gehalten. Die von Günther Grzimek entworfenen Außenbereiche sind einfach und eindrucksvoll. Sie haben sich hervorragend entwickelt. Seinerzeit haben wir auch sehr gut zusammengearbeitet mit dem staatlichen Hochbauamt. Dessen Leiter war Baudirektor Max Eugen Körber. Der für das Projekt verantwortliche Beamte war Baurat Rolf Spranger. Die Zusammenarbeit mit ihm war fair, sachorientiert und sachverständig. Auch mit dem Leiter der Ingenieurschule, Professor Josef Hengartner, hatten wir Glück. Er war engagiert, offen und erfolgsorientiert.

Eigentlich gab es nur einen wirklichen ›Ausreißer‹ während der vergangenen dreißig Jahre: Vor einigen Jahren wurden große Teile der Fassade mit einer Kunststoff-

Sie könnten jedoch auch exakter sein in technischer Hinsicht und von größerer Qualität. Sie könnten billiger, in einem anderen, zeitgemäßen Sinne individuell sein und von einem neuen ästhetischen Wert.

Vor dem Bau der Ingenieurschule in Ulm hatten wir – fast zeitgleich mit der Vogelsangschule in Stuttgart – das Hohenstaufen-Gymnasium in Göppingen geplant. (Beide Bauten sind auch heute noch von hoher Qualität.) Beim Bau der Vogelsangschule (im Westen Stuttgarts an einem Hang über der Stadt) wurden tendenziell handwerkliche Techniken angewandt. Das Gebäude für das Hohenstaufen-Gymnasium hingegen wurde so geplant, daß man es schon hätte völlig vorfertigen und montieren können. Den örtlichen Gegebenheiten folgend wurde jedoch das Stahlbetonskelett örtlich hergestellt und die Fassadenelemente wurden vorgefertigt und geschoßhoch eingesetzt. Die Ordnung des Formalen allerdings weist schon hin auf diejenige Fertigungstechnik, die später bei der Anlage der Ingenieurschule in Ulm angewandt wurde.

Beim Neubau der Anlage in Ulm haben wir soviel wie möglich vorfertigen und montieren lassen: Rohbau, Fassade, Haustechnik, Ausbau und so weiter. Mehrere ›Entwicklungslinien‹ trafen sich bei diesem Vorhaben … Einerseits wies unser Interesse zu diesem Zeitpunkt in diese Richtung; andererseits meinten wir, es ginge so schneller und besser; außerdem vermuteten wir, daß diese neuen Techniken der Aufgabe angemessen seien. Darüber hinaus hatte die Firma Rostan in Friedrichshafen gerade Lizenzen der holländischen Schock-Beton übernommen, und wir hatten uns in Holland über die Möglichkeiten dieser Techniken informiert.

Ich meine, es sei seinerzeit der Präsident des Landesarbeitsamtes gewesen, der – nachdem die Anlage der Fachhochschule in Ulm fertiggestellt war – sich bei der Landesregierung dafür einsetzte, daß unser Büro auch die nächste Ingenieurschule – in Aalen – plante. Man wollte wohl, daß die neuen Techniken weiterentwickelt werden konnten. So geschah es dann.

Nun wußten wir genau, ›wie es geht‹. Schon im Entwurf konnten wir die Fertigungstechnik berücksichtigen. Aus dieser Situation heraus ist die Anlage der Fachhochschule in Aalen entstanden, bezüglich der Technik und von den Gesetzen der ›Wissenschaft‹ her konsequent und auch besser. Von seinen räumlichen – architektonischen – Eigenschaften her hat diese Anlage jedoch diejenige der ersten Ingenieurschule in Ulm nicht ganz erreichen können. Doch darüber vielleicht demnächst.

Günter Behnisch

14

Halle unter dem südlichen Seminarbau

Die von uns vor dieser Anlage geplanten Bauten waren stärker geprägt von handwerklichen Bautechniken. Wir meinten allerdings, während der Arbeit an diesen frühen Bauten erfahren zu haben, daß die Möglichkeiten der handwerklichen Techniken begrenzt waren und daß in dieser Zeit größere Bauten weitgehend industriell vorgefertigt werden sollten. Ohnehin waren der handwerklichen Arbeit die alten Qualitäten nicht mehr zu eigen; Werkzeug, Material, Technik und Tradition hatten sich verändert; und auch unser Bewußtsein von dem, was ein Werkstück sein und leisten soll.

Wir meinten nun, es müßte möglich sein, Gebäude zu schaffen mittels industrieller Techniken, schneller und von höherer Qualität als zu dieser Zeit mittels handwerklicher Techniken möglich war. Wohl war uns klar, daß diese Elemente dann weniger individuell (dem früheren Bewußtsein entsprechend) sein würden. Sie würden kühler, exakter, etwas strenger und standardisiert sein.

1

Olympiapark München

1967 hatten wir den Architektenwettbewerb für die Olympiaanlagen in München gewonnen. Im Frühjahr 1968 wurde uns dann die Planung des gesamten Parkes angetragen. Innerhalb dieses Rahmens haben die Architekten Heinle & Wischer das Olympische Dorf geplant. Bauherr war die Olympiabaugesellschaft, in der Bund, Freistaat und Stadt vertreten waren.

Für uns kam dieser Wettbewerb zur rechten Zeit: Wir hatten unsere Fertigkeiten gut ausgebildet und hatten uns gelöst von strengen, formalen Ordnungen. Wir hatten erfahren, wie vorsichtig wir mit dem gesamten Material von Architektur umgehen sollten, welch große Kräfte im Wesen der Dinge stecken können und daß wir offen und fair sein müssen, auch den Dingen gegenüber.

Viele junge Architekten kamen in unser Büro. Und wir mußten Wege finden, auf denen wir uns gemeinsam einem Ziel nähern konnten. Engagement und Offenheit waren vorhanden. Aber wir kannten uns zunächst zu wenig und hatten sehr wenig Zeit. In dieser Situation haben wir Bilder oder Metaphern geschaffen. Diese mußten offen genug sein, um sie weiterentwickeln und ausmalen zu können. Andererseits mußten diese Begriffe auch deutlich genug sein, denn sie mußten einen Bereich abstecken, in dem wir uns alle bewegen konnten.

Wir begannen unsere Arbeit mit einem großen, das gesamte Oberwiesenfeld umfassenden Modell: eine Sperrholzplatte, auf die wir Sand gekippt hatten. Wir wußten, daß Sand bezüglich seiner inneren Ordnung am wenigsten eigensinnig war und daß wir damit am freiesten arbeiten konnten.

Der gewünschte Charakter der Spiele und der Sportanlagen war sehr gut definiert worden; im voraus, also vor dem Wettbewerb. Und es waren Begriffe und Merksätze genannt, die wir leicht in Architektur übersetzen konnten. So hieß es zum Beispiel »Olympiade im Grünen«, was wir übersetzten mit »olympische Landschaft, Olympiapark«. Und die »Spiele der kurzen Wege« machten wir zu »kurzweiligen Wegen«, und »Sport und Spiel« führten zum »spielerisch Freien« der Architektur.

Olympiapark — einerseits sollte das ein Stadtteilpark werden, mit dessen Hilfe dem bis dahin etwas zu kurz gekommenen Stadtteil aufgeholfen werden sollte. Und andererseits hieß das, daß Sport in der Landschaft sein sollte und nicht in Häusern. Und daraus folgte wieder: keine Häuser, dann auch keine Dächer; Schutz statt dessen durch einen großen ›Regenschirm‹ — eins ergab sich aus dem anderen.

Das gesamte Gelände wurde landschaftlich geordnet, durch aufgeworfene Dämme, die sich mit den Mulden der Sportstätten und dem Berg am See verbanden. Und das war dann auch die Ebene für die Besucher, während die normale Ebene dem Betriebs- und Katastrophenverkehr vorbehalten blieb.

Bei den Sportstätten liegen die erforderlichen schweren Konstruktionen unter der Erde. So treten diese nicht in Erscheinung. Und die Zugänge zu den Sportstätten wurden so ausgeformt, daß die Besucher frei an den Rand der Sportstätten treten und von Anfang an Anlage und Geschehen überblicken können. Auf dem aufgeschütteten Olympiaberg können Zehntausende stehen und von dort in die Stadionschüssel schauen. Und der neugeschaffene Olympiasee wird für Bootsfahrten und im Winter für Eisschießen benutzt. Zahlreiche Einzelheiten müßten erwähnt werden, zum Beispiel daß die erforderlichen breiten Fluchtwege so sind, daß auch der einzelne im Alltag seinen Fußweg finden kann und so fort.

Kurzum, wir haben uns bemüht, die durch die Größe der Anlage und die Größe der Konstruktionen und die Masse der Besucher sich ergebenden Einengungen so klein wie möglich zu halten und die Freiräume so groß wie möglich zu gestalten.

Geholfen hat uns vor allem Günther Grzimek. Mit ihm hatten wir schon früher zusammengearbeitet, und er hat den Park gestaltet. Die Überdachung wurde mit Frei Otto und Leonhardt und Andrä bearbeitet. Daneben war eine große Anzahl von Spezialisten, Architekten, Ingenieuren, Wissenschaftlern und anderen engagiert.

Zweifelsohne war der Zeitdruck bedrückend einerseits, aber auch nützlich andererseits. Manches hätte man sorgfältiger bedenken können. Und die seinerzeit spektakulär ins Gerede gekommenen Kosten der Überdachung hätten wohl geringer sein können, wenn wir noch Zeit genug für Alternativen gehabt hätten. Darüber hinaus aber wären manche Probleme sicher auch größer geworden, wenn man für Bedenken mehr Zeit gehabt hätte.

Was schätzen wir heute an dieser Arbeit? Das Große und Imposante am Dach zum Beispiel ist uns eher peinlich. Mehr liegt uns dann schon, daß die Anlage offen ist für vieles, für große Menschenmengen einerseits, vor allem aber für den einzelnen. Gerade das ist so schön, daß alltags jeder im Olympiapark seinen Ort finden kann: Bürger, Rentner, Pärchen, Kinder, Jugendliche, Mütter, Familien, Besucher, Touristen, ein Poet am Berg unter einem Baum, Eishockeyspieler, Radfahrer, Bewohner des Olympischen Dorfes, Studenten, Besucher der Schwimmhalle, der Sporthalle und des Stadions, Tennisspieler und viele andere mehr. Für jeden findet sich ein Ort, und jeder kann sein, wie er ist, im Olympiapark. Und sogar der große Veranstaltungsbetrieb in der Olympiahalle fügt sich gerade noch ein.

Allerdings sind all dem auch Grenzen gesetzt. Wohl erscheint der Park so, als sei alles grün, landschaftlich und gelöst. Dieser Schein jedoch ist ein Ergebnis großer Mühen seitens der Architekten und Ingenieure. An den entscheidenden Stellen im Park dürfte man nichts mehr bauen zu Lasten der landschaftlichen Elemente. Und dort, wo Probleme entstanden sind, sollte man diese beheben zugunsten der Landschaft. Sicher vergißt man nicht, daß der Olympiapark — so wie er ist — eine der beliebtesten Attraktionen Münchens ist.

Günter Behnisch

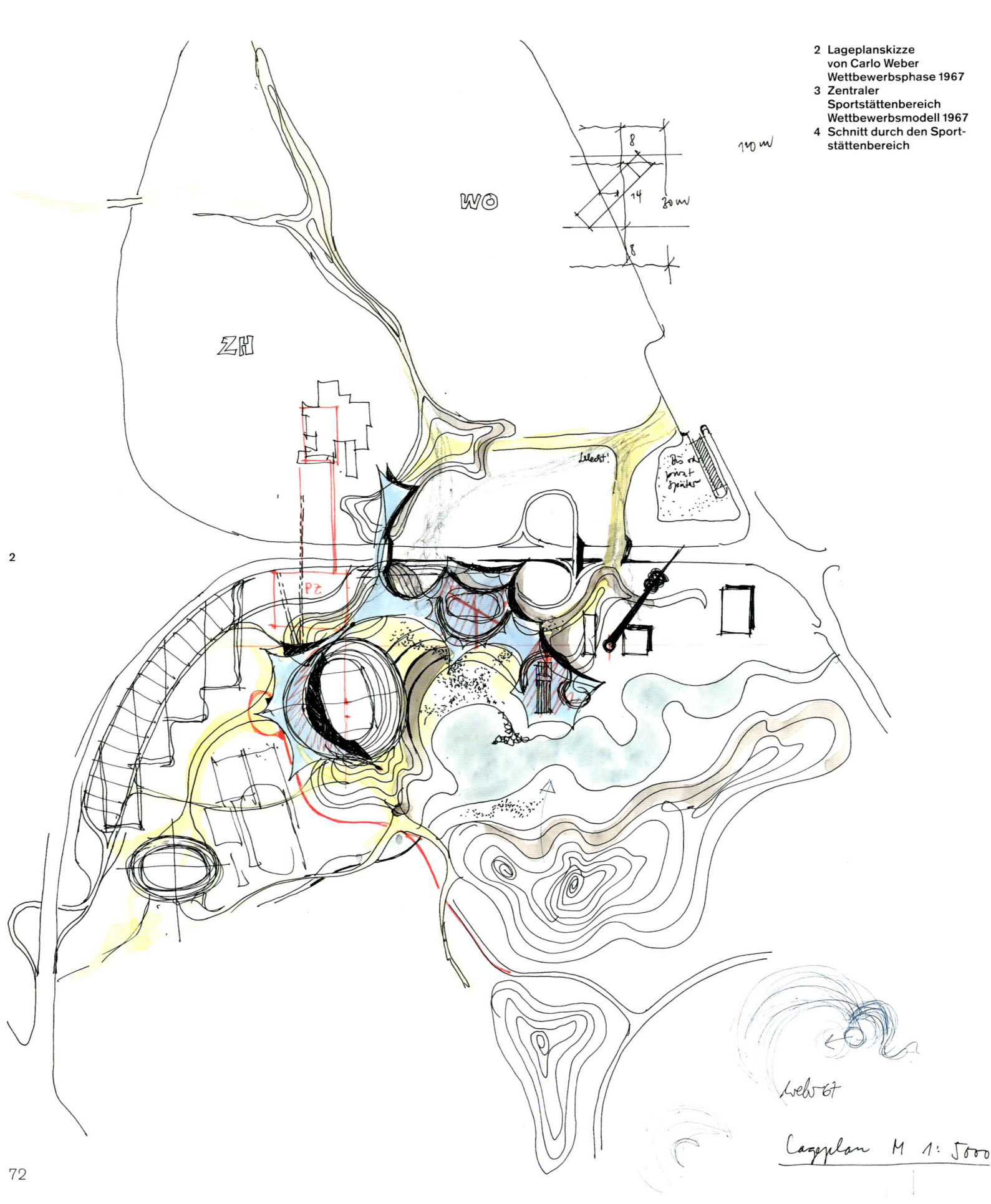

WO

ZH

2 Lageplanskizze
von Carlo Weber
Wettbewerbsphase 1967
3 Zentraler
Sportstättenbereich
Wettbewerbsmodell 1967
4 Schnitt durch den Sportstättenbereich

2

Weber 67

Lageplan M 1:5000

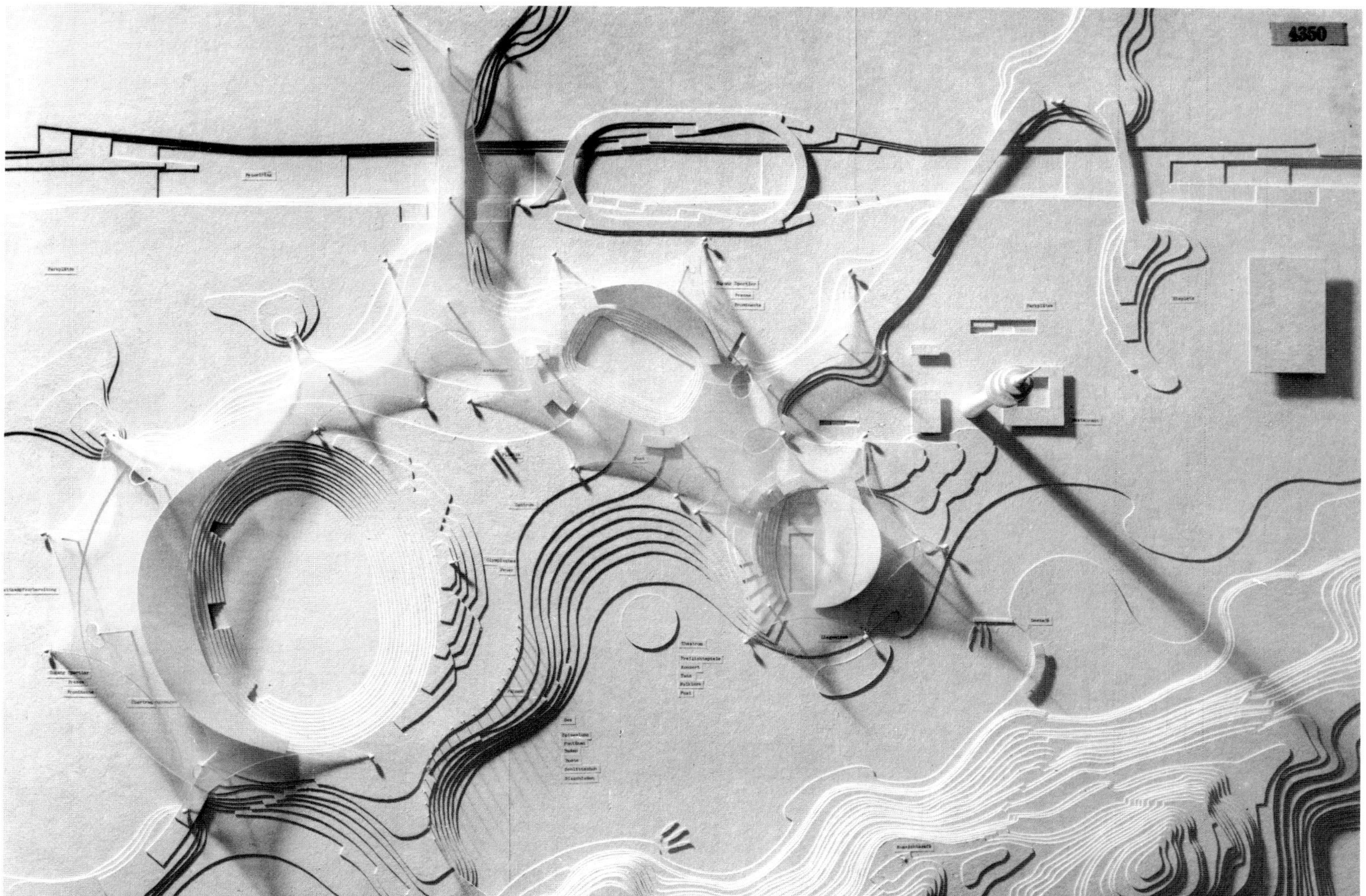

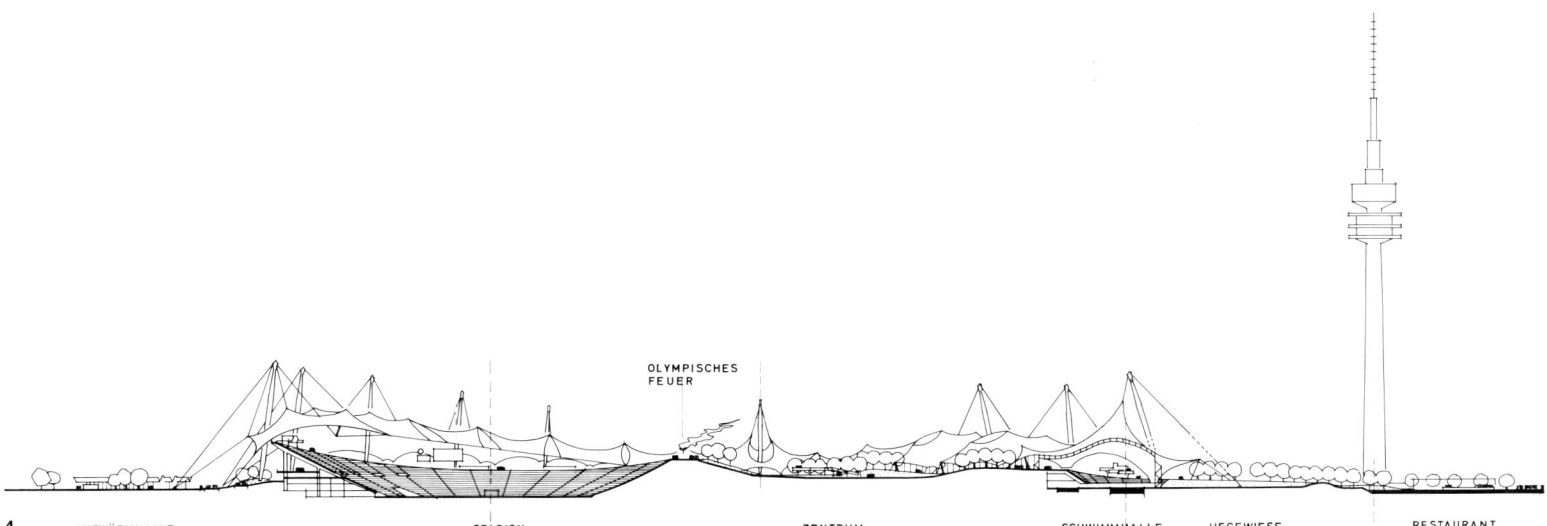

4350

3

OLYMPISCHES
FEUER
AUFWÄRMHALLE
STADION
ZENTRUM
SCHWIMMHALLE
LIEGEWIESE
RESTAURANT

4

5—13

Ansichten des Parks
zu verschiedenen Jahres-
zeiten

14

Blick durch den Park auf die
Schwimmhalle

15–18

19—22

15 bis 22 Das Dach über der
    Landschaft

23

Dach, Ausschnitt

24

Dach, Detail

25

26

25 Schwimmhalle,
   ursprünglicher Zustand
   mit transluzenter Wärmedämmung
26 Schwimmhalle mit
   veränderter Wärme-
   dämmung
27 Olympiahalle, Arena mit
   Zuschauertribüne
28 Olympiahalle mit
   umlaufendem Foyer

27

28

1

Schul- und Sportbauten auf dem Schäfersfeld in Lorch

1 Progymnasium auf dem
  Schäfersfeld
2 Lageplan mit Hauptschule,
  Progymnasium, Sporthalle
  und Kloster

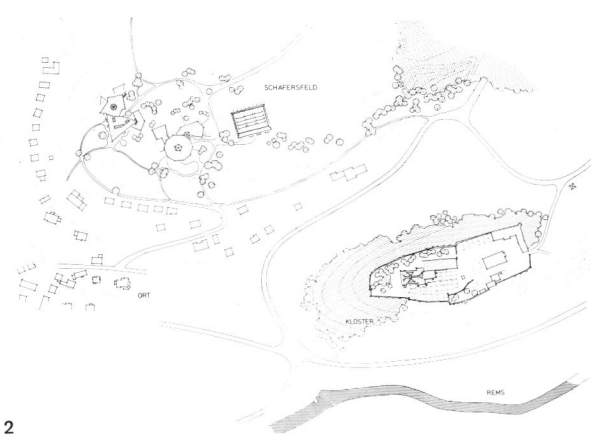

2

Mit der Stadt Lorch im Remstal verbindet uns eine ungewöhnliche Architekten-Bauherren-Beziehung. Wir haben dort über mehrere Jahrzehnte Schulen und Sportstätten geplant und gebaut. Es begann in den späten fünfziger Jahren mit einer Volksschule. Der damals noch etwas kleineren Stadt stand Bürgermeister Frank vor, Stadtpfleger Sieber wachte über die Finanzen, Projektarchitekt war Erhard Tränkner.

Fünfzehn Jahre später, zu Beginn der siebziger Jahre gab uns die Stadt – auch diesmal direkt – den Auftrag für eine Planung auf dem Schäfersfeld. Bürgermeister Kübler hatte inzwischen die Amtsgeschäfte im Rathaus übernommen, Andreas Hübner bearbeitete diese Aufgabe in unserem Büro.

Das Schäfersfeld liegt auf Hügeln über der Stadt, direkt am Rande des Remstales, eigentlich noch im Stadtgebiet. Von hier aus bietet sich ein imposanter Überblick über die Stadt Lorch, über das Remstal, über die gegenüberliegenden Hänge und Berge und das angrenzende romanische Kloster. Der südliche Teil des Schäfersfeldes wurde den Schulen, der Freizeit und dem Sport vorbehalten. Dieses Gebiet verbindet Land und Landschaft, Berg und Tal, Stadtkern, Kloster und neuere Bebauung. Es war vorgesehen, auf den im Norden angrenzenden Feldern, zwischen Schule, Götzenbachtal und Waldrand, Wohnhäuser zu bauen, mit Gärten, wohnlichen Straßen, kleinen Plätzen. Spazier- und Wanderwege sollten das ganze Gebiet durchziehen. Dieser Plan wurde aufgegeben. Für absehbare Zeit werden auch im Norden des Schulgeländes Wiesen, die als Schafweiden genutzt werden, bleiben; und das erscheint uns gut.

Zuerst wurde das Progymnasium gebaut, auf einem schönen Platz, schnell erreichbar von der Stadt und vom Bahnhof her; mit Ausblick auf das Remstal, auf Lorch, aufs Kloster, auf die Kaiserberge. Die der Planung der Schule ›in den Berglen‹ (die wir wenige Jahre davor geplant haben) zugrundeliegenden Gedanken wurden hier weiterentwickelt.

Eine Schule ist ein Ort, an dem die Jugendlichen sich selbst und ihren Platz in der Welt finden können. Es kann also nicht gleichgültig sein, wie dieser Platz aussieht. Heiter und ernst, geordnet und ungeordnet, individuell und eingefügt ins Ganze..., hier muß das richtige Maß gefunden werden. Im ganzen und im einzelnen. Im Baukörper, den Fassaden, der Treppe, bei der Beleuchtung, bei Schränken, bei den Wegen und Pflanzen. Die Klassenräume sollten nicht einfach aneinandergereiht sein, vielmehr sollten sie, gleichsam Hand-in-Hand, um eine Halle gruppiert, mit dieser und nach außen hin mit der Landschaft verbunden sein. Der Ausblick aus den Fenstern der Klassenräume sollte gerahmt werden, ähnlich, wie man ein Bild rahmt.

Die Klassenräume selbst sind fünfeckig, lassen sich frei nutzen, vielfältig möblieren, auch unterteilen und zusammenfassen zu größeren und kleineren Räumen. Jedem Bereich der Schule wurde dabei im Rahmen des Ganzen eine seiner Individualität entsprechende Gestalt und eine eigene Umgebung zugemessen. Die Schule als Ganzes erhielt eine Halle, die Zeichen- und Werkräume einen Gartenhof, die Lehrerräume einen Lesegarten und einige Klassenzimmer Gartenterrassen. Die Position innerhalb der Gesamtanlage, Raummaße, Zuschnitt und Materialien bestimmen den Charakter der verschiedenen Raumgruppen.

Sinnvolle Materialien, sinnvolle Gestalt. Vielfältigkeit in der Einheit – das waren unsere Themen. Wir meinten, daß diese Schule den Schülern mehr bieten könnte als das Übliche, daß man in einer solchen Schule seinen Platz finden können müßte.

Als nächstes folgte Mitte der siebziger Jahre – wieder in direktem Auftrage – eine Sporthalle. An dieser Aufgabe arbeitete zunächst Hannes Hübner, später Peter Kaltschmidt.

Das Land Baden-Württemberg, welches den Bau auch dieser Sporthalle finanziell unterstützte, forderte, daß die neue Halle so groß zu planen sei, daß ein Hallenhandballfeld in der Halle angeordnet werden könnte und daß diese Halle in drei kleine Hallen unterteilbar sein sollte. So entstand eine große Sporthalle, größer als die Stadt Lorch zunächst wollte und eigentlich zu groß für die Lage auf dem Hügel über der Stadt. Mit einigen Kniffen haben wir dann versucht, die große Halle auf optisch verträgliche Maße zu bringen: wir haben die Dachfläche gegliedert (man kann auf das Dach sehen). die Halle eingegraben (damit liegen die Nebenräume unter der Erde), haben den Dachrand heruntergezogen, haben Tragwerk und andere Elemente differenziert und anderes mehr. Nach unseren Erfahrungen beim Bau der Sportanlagen im Olympiapark in München waren wir uns ohnehin sicher, daß es eine Fehlentwicklung war, Sportbauten ausschließlich nach quantifizierbaren Kriterien optimieren zu wollen, daß es zu nichts führte, wenn Sportbauten vorwiegend künstlich belichtet und belüftet würden, daß sie dann letztlich als Kisten in Stadt und Landschaft herumständen. Wir meinten, daß Sportbauten nach außen und nach innen hin auch licht, leicht, differenziert und amüsant sein können. Sport ist nicht ausschließlich eine ernste Sache.

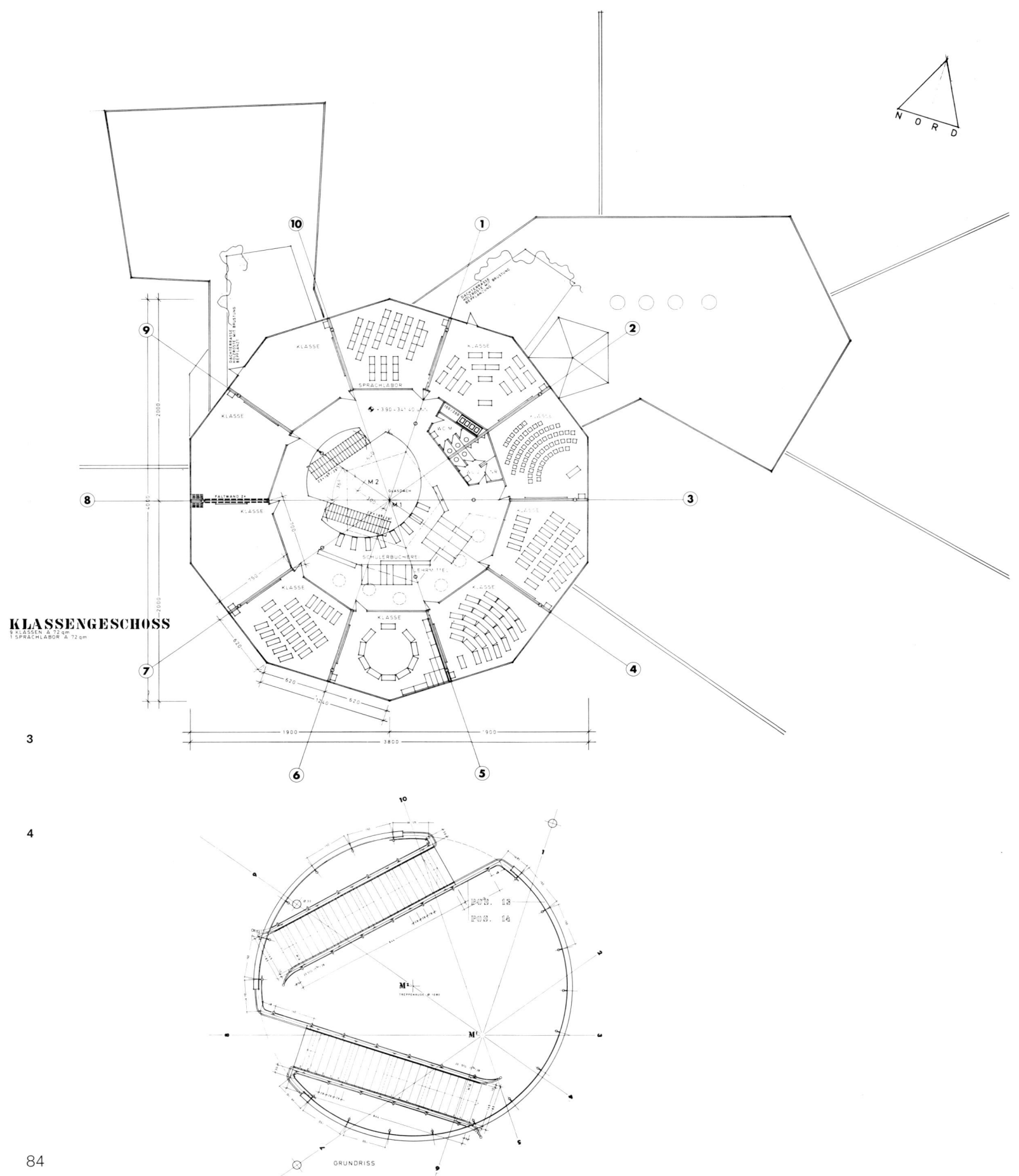

KLASSENGESCHOSS
9 KLASSEN À 72 qm
1 SPRACHLABOR À 72 qm

3

4

GRUNDRISS

3 Progymnasium, Ober-
   geschoß
4 Grundriß der Treppen
   in der Halle
5 und 6 Zentrale Halle

5

6

7

8

1980 begannen wir, mit Christian Kandzia als Projektarchitekten und Dieter Kauffmann, auf dem Schäfersfeld das Gebäude für eine Hauptschule zu planen; neben
dem zehn Jahre zuvor gebauten Realgymnasium und
neben der fünf Jahre alten Sporthalle.

Beide Gebäude hatten unter Pädagogen und Architekten Ansehen gewonnen, und der Gemeinderat, inzwischen mit Bürgermeister Steinacker, sowie die Schullei-
tung wünschten, daß das neue Gebäude gleichermaßen
›berühmt‹ werden sollte. Auch sollte das neue Gebäude
über diejenigen Besonderheiten (Halle, Grünhaus, Galerie, Glasdach und so weiter) verfügen, die dem Progymnasium zugehörten.

Wir meinten dann, daß es richtiger wäre, wenn das neue
Gebäude nicht gleich dem bestehenden Gebäude sein
sollte, sondern gleichwertig, und daß auch die ge-
wünschten Besonderheiten in diesem Sinne behandelt
werden müßten; dabei sollten diejenigen Dinge und
Momente, die verbesserungswürdig schienen, verbessert werden. So bekam auch das neue Schulgebäude
eine zentrale Halle. Anstelle der im Progymnasium kreisrunden Halle, die dort über zwei Geschosse von Unter-
richtsräumen ringsum umgeben ist, haben wir dann in
der Hauptschule eine Halle geplant, die die Form eines
Dreiecks hat und die nur an den zwei ›attraktivsten‹
Seiten mit Klassenräumen besetzt wurde. An der dritten
Seite konnte nun die Halle über eine hohe Glaswand
verbunden werden mit dem Äußeren, mit Wiese, Sonne,
Wald, Himmel, Wolken. Und die Galerie der Halle, die im
Progymnasium kreisförmig die Halle umgibt, damit diese
aber auch etwas abschließt, ist hier nur noch an zwei
Seiten. Damit hat die Halle mehr Raum und richtet sich
aus zum Walde hin.

Auch die architektonische Ordnung entwickelte sich
weiter: beim Progymnasium waren Teile, Konstruktionen, Momente des Ganzen wohl von sich aus entwickelt
worden, arrangierten sich dann im Gebäude in einer eher
ausgeglichenen Art; während in der Hauptschule nun die
Teile und Momente stärker auf ihrer Individualität beharren und damit auch deutlicher, sogar etwas eigensinnig
aufeinandertreffen. Das ›Harmonische‹ des Ganzen entsteht dabei nicht infolge eines äußeren Überformens der
Teile und des Ganzen in einer einheitlichen Art, sondern
dadurch, daß allen Teilen gleichermaßen Individualität,
Gelöstheit und doch Rücksicht aufeinander zu eigen ist.
Eine Gesellschaft tendenziell von sich her bestimmter
Individuen.

Den vorläufigen Abschluß unserer Arbeit in Lorch bildet
eine Erweiterung unserer Volksschule aus den fünfziger
Jahren, die im Mai 1992 fertiggestellt wurde. Als nächstes Projekt steht die Erweiterung des Progymnasiums
an. Das soll 1993 geschehen.

Günter Behnisch

7 bis 10 Progymnasium,
Ansicht von Südost,
Südwest, Nord und Nord-
west

9

10

11

11 Sporthalle, Innenraum
12 Schnitt durch die Halle

12

13

13 Sporthalle, Erschließungs-
   wege zu den Umkleide-
   bereichen
14 Ansicht von Südwest

14

15

16

16 Hauptschule, Ansicht
von Nordost
17 Entwurfsskizze von
Günter Behnisch

17

18 Hauptschule, Ansicht von
   Ost
19 Ansicht von Südost
20 Balkon vor dem Musiksaal

18

19

20

21 Halle als Mittelpunkt der
Hauptschule

21

1

Hysolar-Institutsgebäude Stuttgart

Das Hysolar-Institutsgebäude an der Technischen Universität in Stuttgart ist ein Gebäude für ein deutsch-saudisches Forschungsprojekt. Zwei Hochschulinstitute sind beteiligt. In einem Institut wird ein Prozeß gesucht, der es ermöglicht, Elektroenergie preisgünstig und direkt aus Sonnenenergie zu gewinnen, im anderen soll ein praktisches Verfahren entwickelt werden, mit dem Wasser gespalten werden kann zum Zweck des Energie-transportes.

Vom Programm her gab es hier wenige Vorgaben: eine Handvoll Büroarbeitsplätze und einige Laboratorien; nichts, was man nicht auch in zwei Baracken hätte unterbringen können. Der Bauherr hatte uns aber nicht geholt, um Baracken aufzustellen. Vielmehr wünschte dieser Bauherr, der uns in Person des Leiters des Universitätsbauamtes, Leitender Baudirektor Wolfgang Näser, und Oberbaurätin Elisabeth Szymczyk gegen-übertrat, eine besondere architektonische Leistung. Das große Universitätsgelände, belegt mit vielen, zum Teil sehr großen Bauten für Fakultäten, Institute, Mensa, Wohnungen und andere Einrichtungen, sollte einen weiteren Akzent bekommen.

Die Aufgabe war klein genug für eine besondere Lösung. Sie ließ sich leichter handhaben. Man mußte nicht — wie bei großen Bauten — die vorhandenen Energien vergeuden darin, zunächst die Größe einer Bauaufgabe zu ordnen und in den Griff zu bekommen. Und das Universitätsbauamt übernahm die Aufgabe, unsere für diese unorthodoxe Architektur auch etwas unorthodoxen Arbeitsweisen einzuordnen in die geord-nete Apparatur der staatlichen Hochbauverwaltung.

So waren wir relativ ungebunden bei unserer Arbeit. Zwei junge Architekten, die gerade in unser Büro einge-treten waren, haben diese Aufgabe bearbeitet; einer mit großem Design-Können, der andere mit den erforder-lichen Erfahrungen in der Praxis, Frank Stepper und Arnold Ehrhardt. Dazu kam, daß an meinem Lehrstuhl in Darmstadt seit fast zehn Jahren Entwürfe gefertigt worden waren, die man heute wohl dekonstruktivistisch nennen könnte. Es schien so, als kämen verschiedene Entwicklungslinien nahe an ihrem Kulminationspunkt bei dieser Aufgabe in unserem Büro zusammen. (Vergleich-bare Situationen waren für uns 1957, als wir Anlagen für die Fachhochschule in Ulm planten, oder 1967, als wir den Wettbewerb für den Olympiapark in München bear-beiteten. Auch seinerzeit trafen sich politische Absicht, Aufgabe, die eigene Entwicklung, personelle Situation und so weiter zu diesen Zeitpunkten in unserem Büro auf einer für uns relativ hohen Ebene.)

Beim Hysolar-Institut war alles bereit für ein formales Experiment. Wir wollten probieren, ob und inwieweit es möglich wäre, tendenziell fertige Industrieprodukte unangepaßt so zueinander zu ordnen, daß sie quasi in einem freien, räumlichen Gleichgewicht schwebten. Eine räumliche Collage von ready-mades.

Selbstverständlich, nicht alle dieser Elemente sind tat-sächlich fertige und unveränderbare Industrieprodukte. Zum Teil wurcen sie speziell hergestellt, auch in hand-

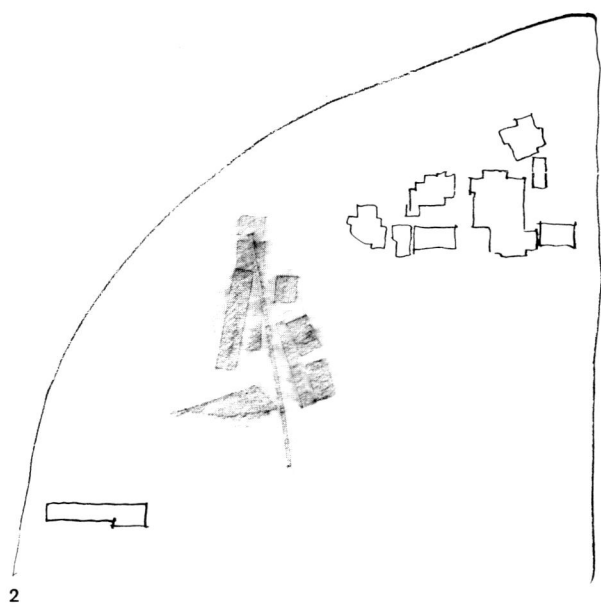

2

werklicher Arbeit. Aber das war auch nicht das Problem. Es handelte sich nicht um die Lösung einer Situation, die real schon existierte. Es handelte sich um ein Experiment im Bereich des Formalen. Und dafür mußte das entspre-chende Prinzip zugespitzt werden.

Selbstverständlich sind auch andere Probleme im ›schö-nen Schein‹ dieses Gebäudes. So wurde zum Beispiel gegen den Anspruch der Technik und der Apparate, perfekt zu sein, angearbeitet. Es wurde offengelegt, daß es sich bei diesem Anspruch nur um den Schein einer Perfektion handelt und daß Situationen oder Dinge, wenn man sie in eine andere Position bringt, aus der Perfektion ins Lächerliche abrutschen können. Auch die hierarchische Ordnung, die unsere Apparate beherrscht, wurde in der Ordnung des Formalen bei diesem Gebäude decouvriert und manch anderes mehr.

Auch wurden Dinge, denen beim Produktionsprozeß Gewalt angetan wurde, in eine würdigere Position gebracht, so daß die Gewalt, die diese Dinge bei der Produktion erfahren haben, hier durch Zuwendung und Verständnis ergänzt wurde. Aber das sind Momente, die in vielen Arbeiten unseres Büros auftauchen. Das Besondere beim Hysolar-Institut ist schon der Versuch, das Prinzip Collage herauszuarbeiten.

Dieses Experiment hat uns durchaus befriedigt und auch Vergnügen bereitet. Es macht Freude, Ordnungen, die auf großer Ernsthaftigkeit bestehen, auf den Kopf zu stellen.

Das Hysolar-Institutsgebäude ist auf die Titelblätter der Magazine geraten wie auch andere Bauten des Büros (Postmuseum in Frankfurt/Main, Fabrikanlage Leybold AG in Hanau, die Bibliothek der Katholischen Universität in Eichstätt und andere mehr). Und all diese Bauten werden von Kommentatoren besprochen. Diejenigen, die das eine Gebäude loben, schätzen dabei in der Regel das andere — oder die anderen — weniger. Und die Bauten werden eingeordnet: Das Hysolar-Instituts-gebäude gerät unter die ›Dekonstruktivisten‹, das Post-

3

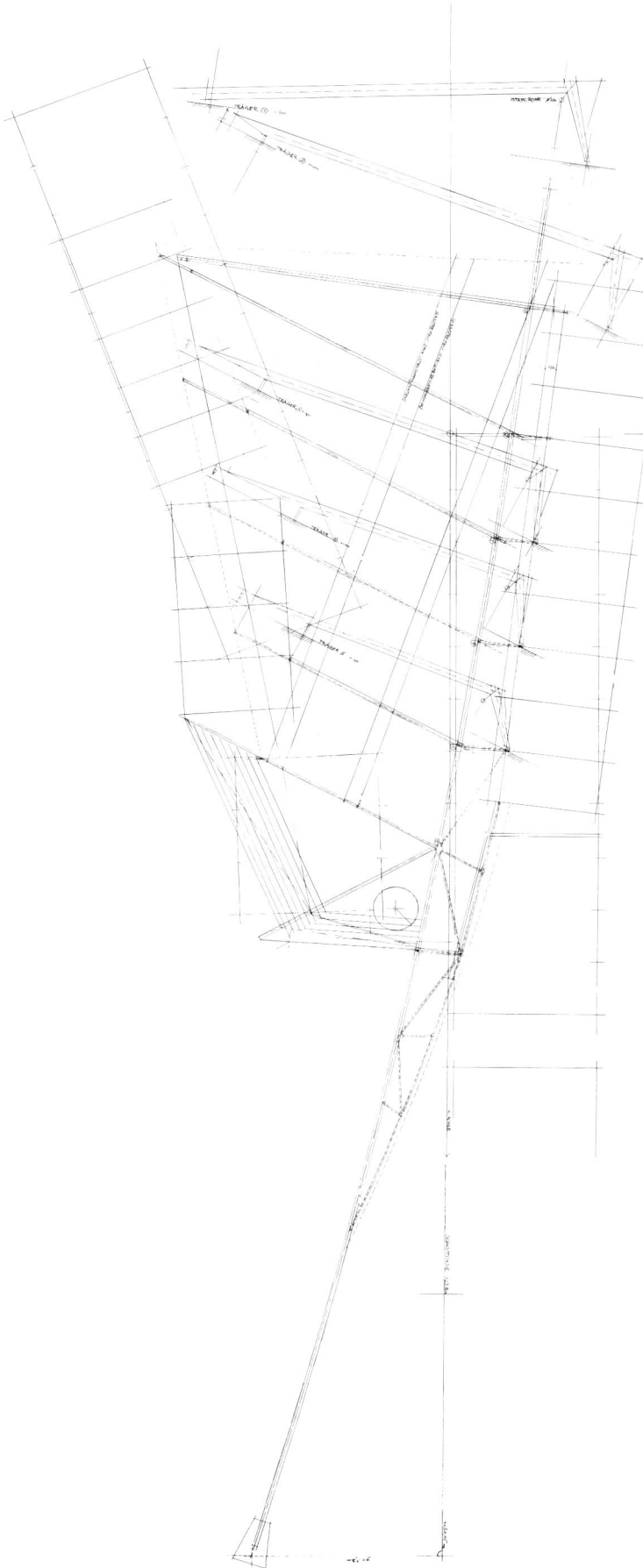

museum unter die ›Spätmodernen‹, das Bibliotheksgebäude in Eichstätt zählt man zu den Nachfahren des ›Expressionismus‹ und so weiter. Es scheint so, als sei man erst dann zufrieden, wenn man diese Arbeiten unter einer Rubrik abgelegt hat. Diese Leute bewegen sich vorwiegend im Bereich der Begriffe. Sie mögen wohl den Anlässen für Architektur nicht nachgehen. Diese liegen weit verstreut in allen Bereichen unserer Wirklichkeit.

Selbstverständlich, es gibt auch den einen oder anderen, der sich bemüht, dasjenige zu sehen, was in diesen Gebäuden ins Licht der sichtbaren Welt getreten ist. Und wir freuen uns, wenn wir das Bemühen erkennen, unsere Arbeiten zu verstehen. Wir meinen, daß alle diese Werke sinnvolle, lebendige, informative, auch amüsante und individuelle Lösungen vorgegebener Aufgaben sind.

Beim Beurteilen von Architektur ist manches zu beachten, zum Beispiel:

–, daß es für Architektur heute keine Kleiderordnung mehr gibt,

–, daß die Begriffe nur Begriffe sind, nur Schatten der Werke,

–, daß in Begriffen Unterschiedliches sein kann,

–, daß die Werke komplexer sind als die Begriffe,

–, daß das Äußerliche des Formalen nicht das Alleinige ist,

–, daß aus Architektur diejenigen Kräfte und Tendenzen herausgelesen werden können, die beim Entstehen der Werke wirksam waren,

–, daß jeder nur dasjenige erkennen kann, was er erkennen kann,

–, daß die in Architektur erscheinenden individuellen und unterschiedlichen Stellungnahmen wertvoll sind, daß diese die mögliche Vielfalt unserer Welt widerspiegeln,

–, daß Einheitlichkeit heute, in einer Zeit, in der es wenig Verbindliches gibt, das Zeichen einer großen einheitlichen Kraft sein müßte; einer solch mächtigen Kraft sollten wir mißtrauen,

–, daß das Bunte, Vielfältige, ungeordnet Erscheinende der Werke unserer Zeit der Widerschein der möglichen Vielfalt unserer Welt und der möglichen Freiheit in dieser Welt ist, derjenigen Freiheit, die wir uns wünschen für das eigene Leben, derjenigen Freiheit, die dazu führen könnte, daß Ding und Wesen zu sich selbst finden können.

Günter Behnisch

4

5

5 bis 7 Ansicht von Nord,
Nordwest, Süd

6

7

8 Ansicht von Nordwest
  Im mittleren Teil die
  explosionsgeschützten,
  betonierten Gebäudeteile,
  daran anschließend die
  übereinandergestapelten,
  vorfabrizierten Container
9 Nordseite, Detail
10 Westseite, Detail

8

9

10

11 Halle zwischen den
Gebäudeteilen
12 Detail, verschiedene
Schichten nach dem Prin-
zip der Collage geordnet

11

12

13

14

**13 und 14 Halle zwischen den
vorfabrizierten Containern**

1

Plenarbereich des Deutschen Bundestages in Bonn

1 Skizze zur kreisrunden
Plenarsaalbestuhlung von
Günter Behnisch

2 Perspektive der Bundes-
bauten mit »grüner Mitte«
aus dem Jahr 1979 von
Carlo Weber

Das ist eine lange Geschichte. Sie begann zu einer Zeit, als im Bereich der Politik das Provisorium ›Hauptstadt Bonn‹ längerfristig gedacht wurde. Das mag Ende der sechziger Jahre gewesen sein, zur Zeit der sogenannten neuen Ostpolitik.

Nach längeren Vorbereitungen lief zunächst ein städtebaulicher Wettbewerb, an dem wir teilnahmen, und danach ein Bauwettbewerb (1973) für die Parlamentsbauten. Seinerzeit ging man davon aus, daß in der Rheinaue, südlich des bestehenden Abgeordnetenhochhauses, ein neuer Gebäudekomplex entstehen sollte. Mit neuen, angemessenen Räumen für alle Teile und alle Funktionen des Deutschen Bundestages. Daneben war ein Neubau für den Deutschen Bundesrat geplant.

Das Ganze zog sich hin. Nach mehreren Wettwerbs- und Planungsstufen blieben zwei Architekturbüros, Unmengen von Plänen und Modellen (bis zum Modell im Maßstab 1:50) und viele Schriftstücke übrig. Die Aufgabe wurde dann geteilt. Wir sollten den Plenarsaalbereich nördlich des Abgeordnetenhochhauses planen und die Anlagen für den Deutschen Bundesrat.

Einige Jahre danach gab es städtebauliche Wettbewerbe. In diesen sollten vor allem die schwierigen Beziehungen geklärt werden zwischen der ›Regierungsallee‹ (Alte Koblenzer Landstraße) und den Parlamentsbauten am Rhein. Während der Stadtraum zwischen dieser bedeutenden Straße und dem Rhein vom Schloß bis zum Palais Schaumburg klar und übersichtlich ist, verschwimmt dieser Raum im Bereich des Bundestages; alleine schon infolge der Tatsache, daß hier zwischen diesen beiden großen und bedeutenden Stadt- und Landschaftselementen der Abstand viel größer und bisher mit einem Geflecht kleiner Straßen mit anliegenden Gebäuden gefüllt ist.

Seinerzeit entstand die ›Grüne Mitte‹, ein großer Freiraum — ähnlich dem Hofgarten — sollte das sein, im Zentrum des Ganzen liegend, der die unterschiedlichen, die Organe unserer Verfassung vertretenden Anlagen ordnen und untereinander mit der Regierungsallee, dem Rhein und der Rheinaue verbinden sollte. Diese ›Grüne Mitte‹ sollte der Raum sein für das Volk, der Raum, in dem das Volk, von dem verfassungsgemäß ja alle Macht ausgeht, sich versammeln und artikulieren könnte — auch zwischen den Wahlterminen. Auch heute noch halte ich diesen Vorschlag in der damaligen Situation für sinnvoll und angemessen; allerdings wohl nicht mehr für heute, nachdem beschlossen wurde, mit den obersten Organen des Bundes nach Berlin zu gehen.

1983 wurde die ein Jahrzehnt sich hinschleppende Planung dieser großen Bauanlage abgebrochen. Der Deutsche Bundestag hatte beschlossen, in den bestehenden Gebäuden zu bleiben, diese allerdings zu ergänzen. Das war in der Zeit, in der man das ›Ende des Wachstums‹ erkennen zu können glaubte. Der große Neubau schien nicht mehr in diese Zeit zu passen.

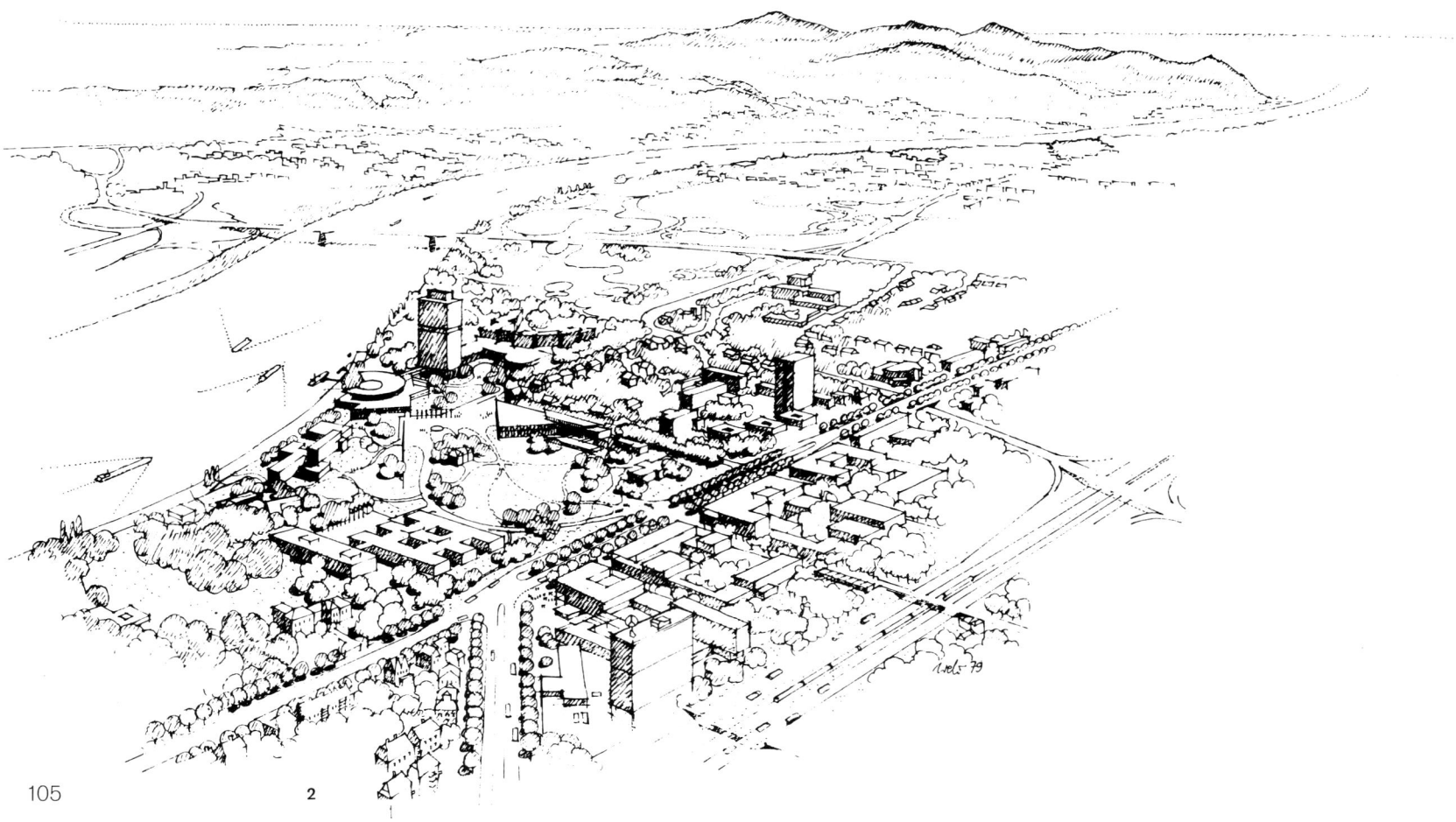

2

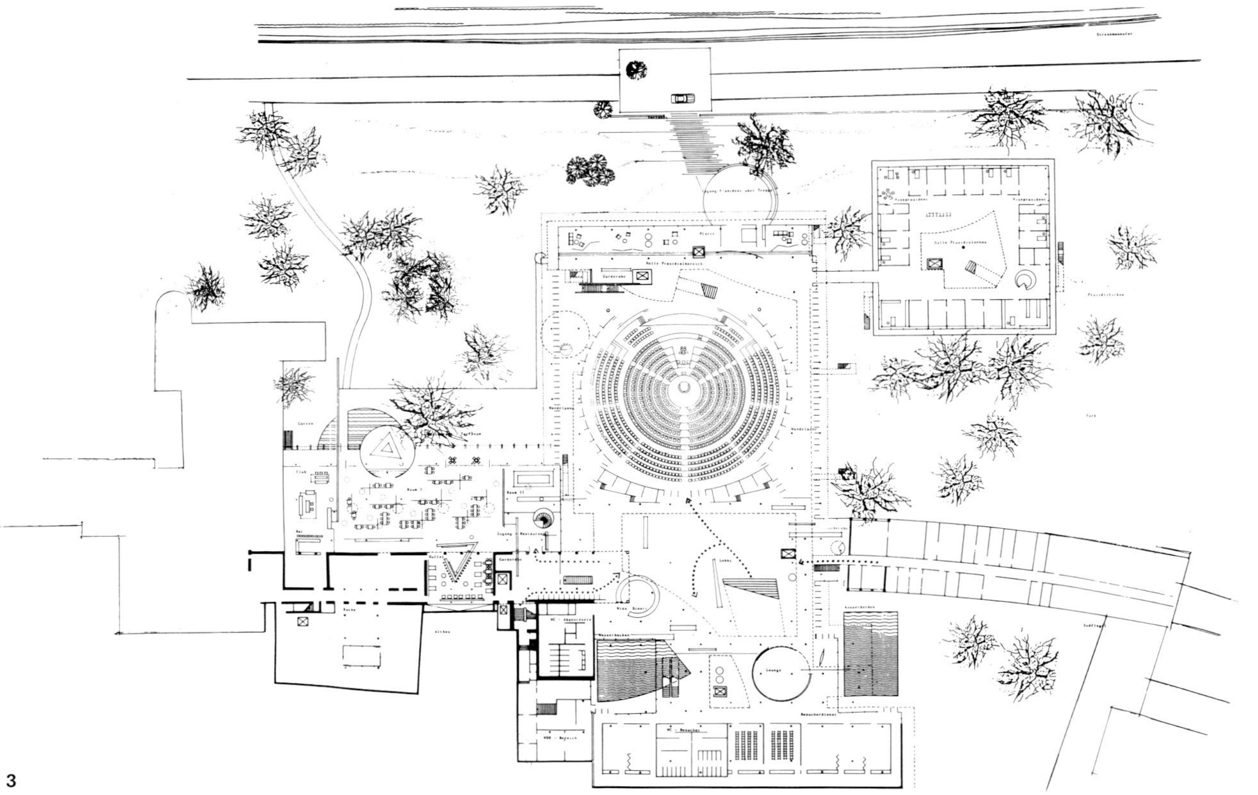

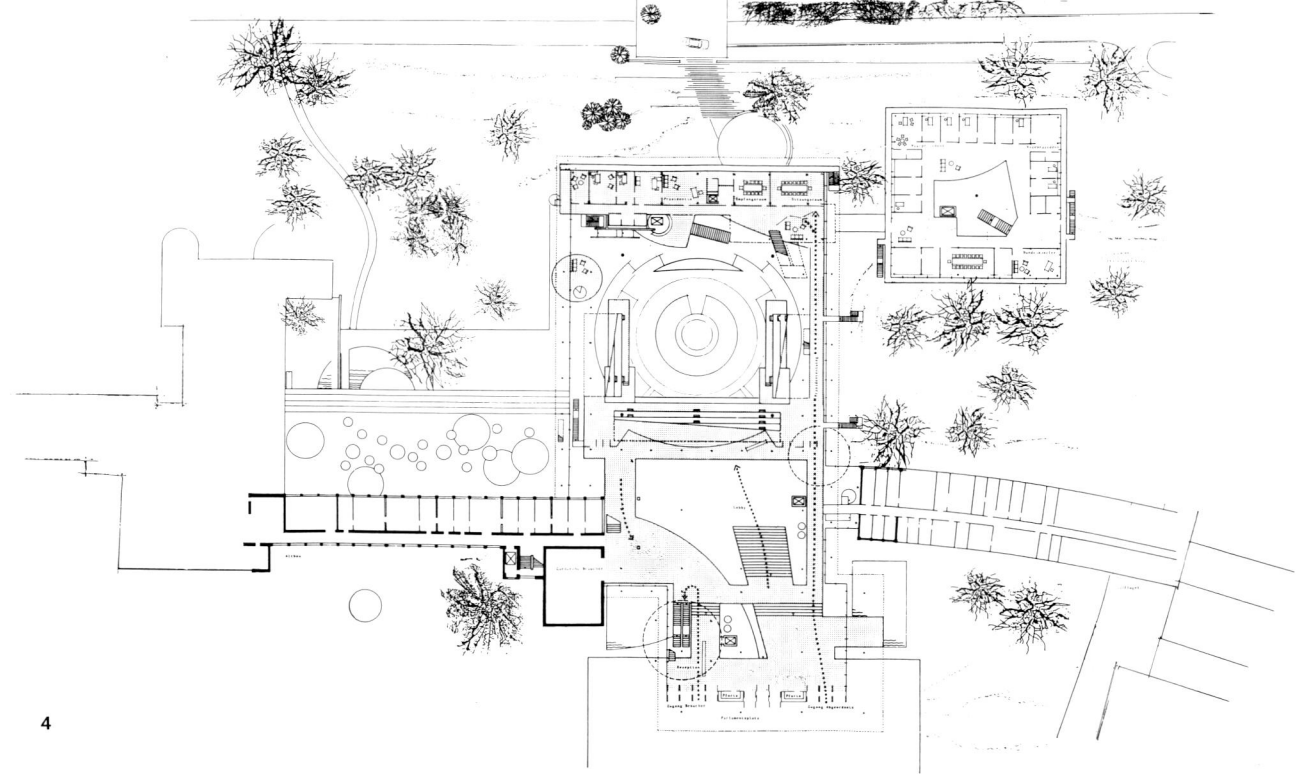

3

4

3 Grundriß Plenarsaalebene
4 Grundriß Eingangsebene
5 Tribünenebene

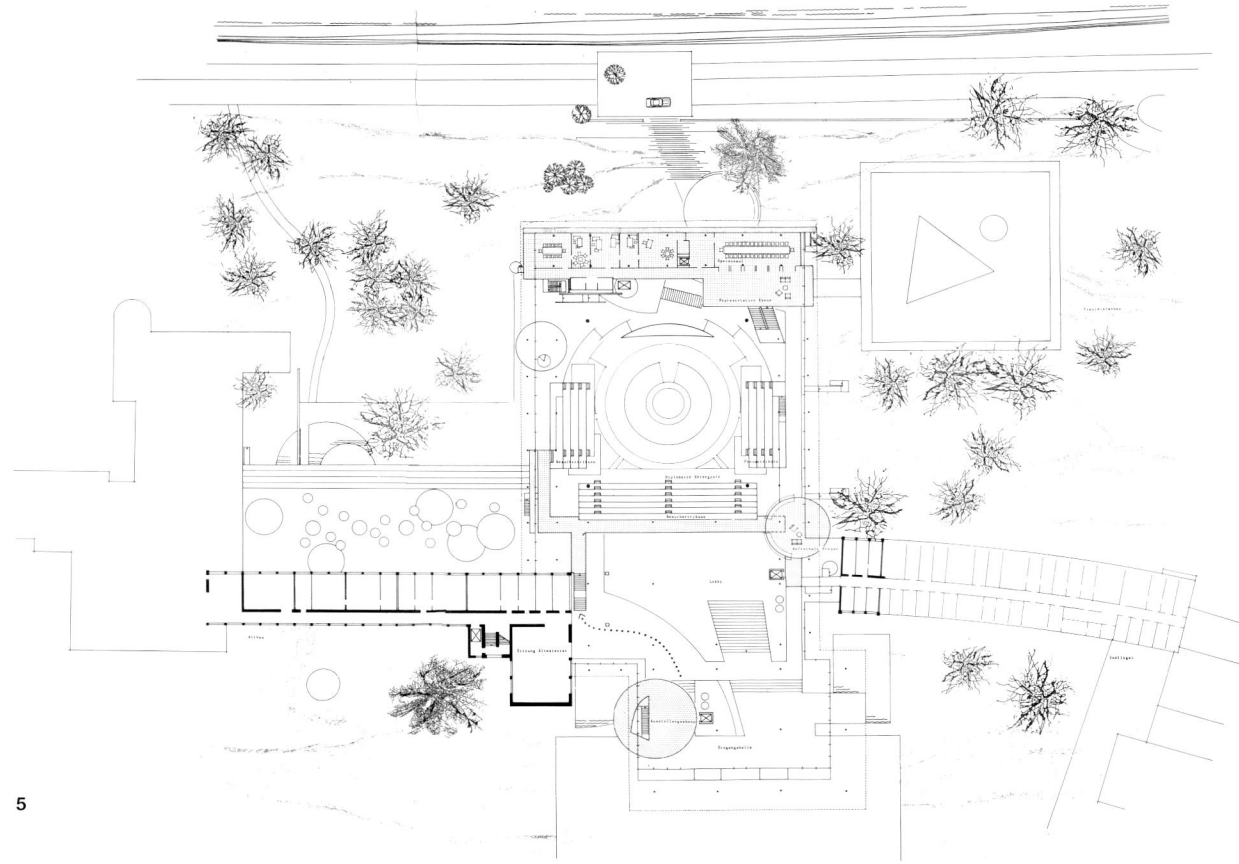

5

Seinerzeit hatte die Stadt Bonn eine Konzeption für die Entwicklung der aus mehreren Gemeinden entstandenen Großstadt ausgearbeitet und verabschiedet. Diese Konzeption sah – der geschichtlichen Entwicklung folgend – mehrere Zentren vor. Ein Zentrum zum Beispiel lag im Kern der alten Stadt Bonn, ein anderes in Beuel, ein drittes in Bad Godesberg und so weiter. Und ein weiteres selbständiges Zentrum sollte im Bundesbereich sein.

Wir meinen, daß in unserer Zeit eine solche Konzeption durchaus der Vielfalt und den unterschiedlichen Inhalten einer Hauptstadt entsprechen könnte und daß diese Konzeption sich wohltuend abhob von den Konzeptionen anderer Hauptstädte, bei denen sich der Sitz der Regierung in einen Schwerpunkt der Stadt drängt; ein Ansatz, der eigentlich eher früheren Staats- und Gesellschaftsverfassungen entsprach.

Der Deutsche Bundestag war in Bonn untergebracht in den Gebäuden der ehemaligen Pädagogischen Akademie, den Ergänzungsbauten und vielen anderen Bauwerken, die gebaut, gekauft oder angemietet waren. So war ein heterogenes Gefüge entstanden, dem ein eigener Schwerpunkt fehlte und das sich von der Stadt abwandte. In dieser Situation forderte die Stadt Bonn den Deutschen Bundestag auf, den im Plan der Stadt vorgesehenen Stadtschwerpunkt zu bilden und sich mit seinen Anlagen der Stadt zuzuwenden.

Im Bemühen, wenigstens dem zweiten Wunsch der Stadt nachzukommen, beauftragte der Deutsche Bun-

destag unser Büro, ein Eingangsbauwerk zu planen für die bestehenden Gebäude. Dieses Eingangsbauwerk sollte nun – zusammen mit einem Parlamentsplatz – der Stadt zugewandt sein und das bestehende Gebäudegemenge auch sichtbar zur Stadt hin ausrichten. (Tatsächlich bedingt die Lage am Rhein zwei Hauptfronten. Die eine wird immer die Rheinfront sein. Die andere, die Stadtseite war eher eine Rückseite.)

An Ort und Stelle existieren verschiedene Terrassenhöhen. Auf der obersten Terrasse liegt die Görresstraße. Und da sollte auch der Parlamentsplatz sein und die zu diesem Platz gehörende obere Ebene des Eingangsbauwerks. Der Plenarsaal selbst lag – und liegt auch heute wieder – auf der mittleren Terrasse, und ein Geschoß tiefer, auf der unteren Ebene, ist die Uferpromenade zwischen den Gebäuden des Deutschen Bundestages und dem Rhein. Untersuchungen zeigten, daß das bestehende Gebäude für den Plenarsaal weder technisch noch funktional den neuen Anforderungen entsprechen konnte. Der Deutsche Bundestag beschloß daraufhin, dieses Gebäude abzubrechen und an gleicher Stelle durch ein neues zu ersetzen. Dr. Wolfgang Pehnt machte darauf aufmerksam, daß dann aber wohl auch der bis dahin in architektonischer und städtebaulicher Hinsicht schlechteste Teil der Anlage – der Präsidialanbau – beseitigt werden sollte mit dem Ziel, den Plenarsaalbereich dann wieder in der Rheinaue, in der Parklandschaft, anzusiedeln und dem Rhein gegenüber zu öffnen. Auch das geschah dann.

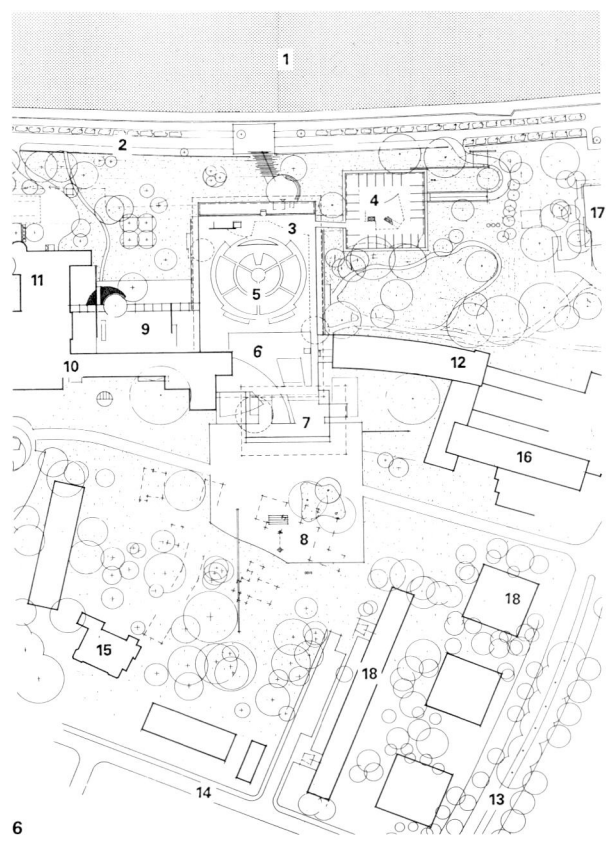

6

Später wurde beschlossen, das als ungenügend emp-
fundene Bundestagsrestaurant zu ersetzen. Dafür war
eine neue Großküche einzurichten unter dem bestehenden Akademiegebäude. Das denkmalgeschützte Akademiegebäude selbst sollte restauriert werden und
eingerichtet für neue Anforderungen. Vorhandene Zugänge und so weiter sollten erneuert werden.

All diese Aufgaben kamen Stück für Stück, mit zum Teil
jahrelangen Zeitabständen dazwischen. An sich ist das
wohl nicht ungewöhnlich. Es stellte sich allerdings in der
speziellen Situation heraus, daß die großen Schritte zur
Folge hatten, daß die bereits entwickelten Architekturen der vorangegangenen Schritte weitergeschrieben
und mit den neuen Teilen zu einer Gesamtlösung inte-
griert werden mußten. Dadurch war die architektonische
Ausformung über Jahre hinweg im Fluß, was von einigen, die im Rahmen ihrer Verwaltungsordnungen sta-
tisch und linear denken und handeln müssen, bis heute
nicht verstanden werden konnte. Und das hat zu vielen,
eigentlich unnötigen Schwierigkeiten im Verfahren
geführt. Reste dieser Abschnittsentwicklung sind für uns
auch heute noch erkennbar in der Gesamtlösung.

Der Parlamentsplatz wird nun wohl nicht realisiert werden. Für diejenigen, die diesen Platz noch nie mochten,
gibt es in der neuen politischen Situation viele und
schwer zu widerlegende Argumente. Manche, auch
wohlmeinende Gesprächspartner wiesen darauf hin,
daß gerade die heutige Situation, die von uns immer
als Zwischenlösung angesehen wurde, bei der der

Vorbereich der Eingangshalle zum Plenarbereich des
Deutschen Bundestages auf die vorhandene Straße
trifft mit ihren ursprünglich bürgerlichen Wohnhäusern,
dem Ideal unserer Gesellschafts- und Staatsverfassung
doch mehr entspräche als ein sich dort ausweitender
Parlamentsplatz.

Heute betritt man von der Görresstraße aus die obere
Ebene der Eingangshalle. Hier beginnen drei Wege: zum
Foyer vor dem Plenarsaal über die große Treppe, zum
Bereich der Bundestagspräsidentin über den langen
Steg entlang der südlichen Glasfront zur Rheinaue hin
und für Besucher im linken Teil der Halle zu den
verschiedenen Einrichtungen des Besucherdienstes.
Das auf der Höhe der Mittelterrasse liegende Foyer
verbindet — einer Drehscheibe ähnlich — neue und
bestehende Einrichtungen: Südflügel, Eingangshalle,
Plenarsaal, Lobby, Restaurant, Akademiegebäude und
so weiter.

Der Plenarsaal selbst liegt in der Rheinlandschaft. Die
Plätze für Abgeordnete, Präsidentin, Regierung und
Bundesrat werden nun kreisförmig angeordnet sein,
nach außen hin leicht ansteigend. Man verspricht sich
von dieser Art der Anordnung, daß in Zukunft leichter
diskutiert werden kann und weniger vorgetragen werden
muß.

Das Material für die Architektur des Plenarsaales wurde
beschränkt bezüglich der Quantitäten. Es sollte erreicht
werden, daß das eigentliche Ereignis nicht in der Architektur läge, sondern in der Versammlung der Parlamentarier. Und diese sollte wiederum in der Rheinaue liegen,
geschützt vor den ›Unbilden‹ der Außenwelt, verbunden
mit dieser jedoch so weit wie möglich, zum Beispiel auch
durch das große Oberlicht.

Der Plenarsaal ist umgeben von der Lobby, die sich
dem Rhein zu öffnet und dort ausweitet zum Foyer für
den Bereich der Bundestagspräsidentin, deren Räume
auf Galerien im ersten und zweiten Obergeschoß liegen.
Weitere Räume des Präsidialbereiches sind in einem
quadratischen, zweigeschossigen Bau südlich davon.
Hier liegen auch die Räume der Vizepräsidenten und der
Regierung.

Das neue Restaurant ist — wie zuvor — an das Akademiegebäude angebaut. Es öffnet sich über einen Winter-
garten zu einer Restaurantterrasse hin und von dort
zum Park und zum Rhein.

Wir haben lange an diesem Gebäude gearbeitet. Ich
nehme an, daß es schon eine besondere Leistung ist,
daß wir diese lange Zeit überdauern konnten, auch die
vielen Probleme, die stufenweise Entwicklung des
Gebäudes und letztlich auch noch den Beschluß des
Deutschen Bundestages, nach Berlin zu gehen.

Oft werden wir gefragt, ob es uns sehr trifft, daß der
Deutsche Bundestag das Gebäude nicht dauerhaft nutzen wird. Schließlich haben wir uns annähernd zwanzig
Jahre um diese Anlage bemüht. Selbstverständlich,
dieses Problem beschäftigt uns, aber mit Maßen. Wir
meinen, daß bis dahin schon noch einige Jahre vergehen
werden, daß die Anlage höchstwahrscheinlich für sich

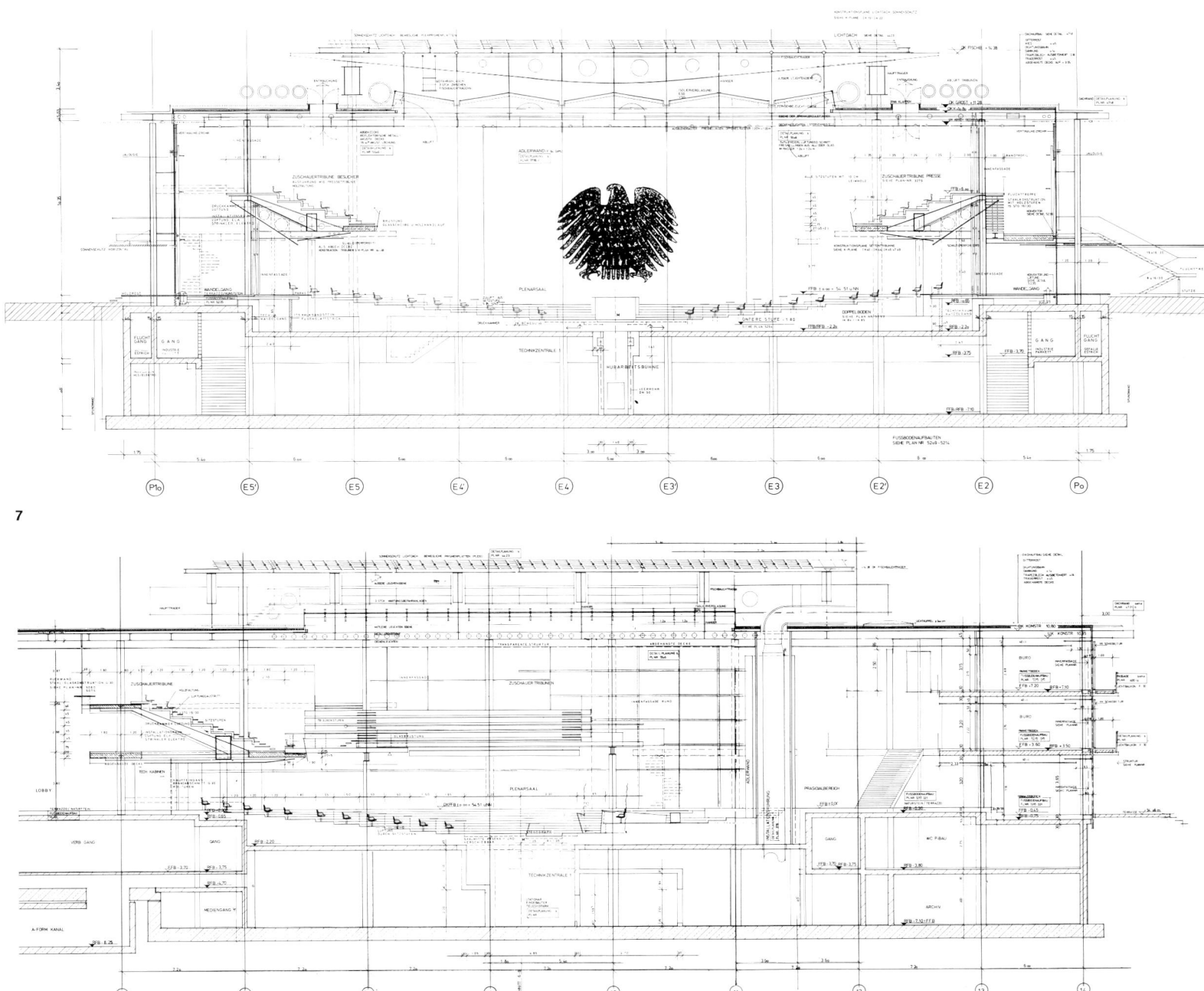

7

8

**7 und 8 Quer- und
Längsschnitt**

Bedeutung haben könnte, selbst wenn das Parlament
auszöge, und daß möglichst viele Mitglieder des Parla-
mentes erkennen könnten, daß ein solches ›Arbeitspar-
lament‹ — ein Begriff, den das Mitglied des Deutschen
Bundestages Peter Conradi geprägt hat — unserem
heutigen Bundestag angemessener sein könnte als das
alte Reichstagsgebäude. Dieses steht für andere Werte.
Und wir meinen, mit diesen Werten sollten wir uns heute
nicht verbinden bei der Aufgabe, für unser deutsches
Parlament ein neues Gebäude zu schaffen.

Günter Behnisch

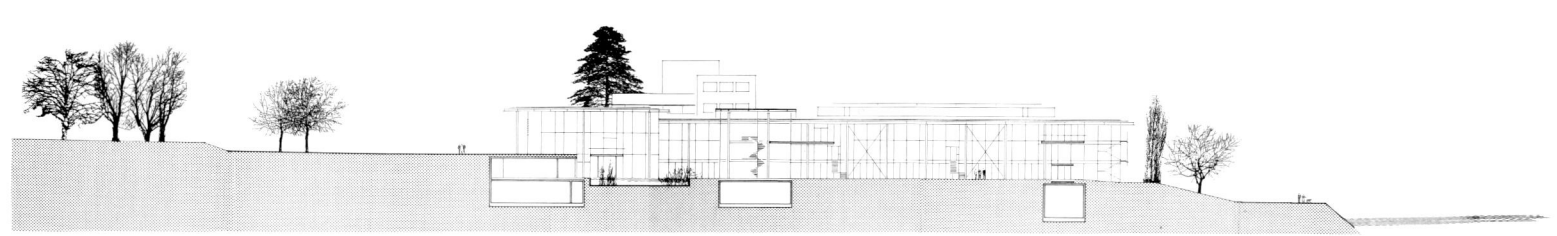

9

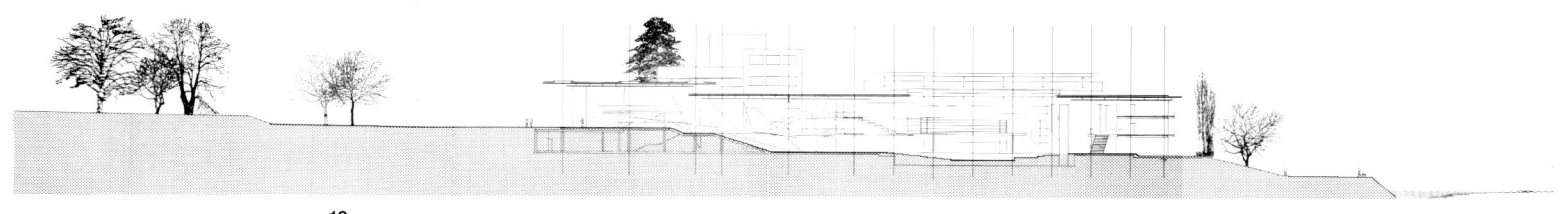

10

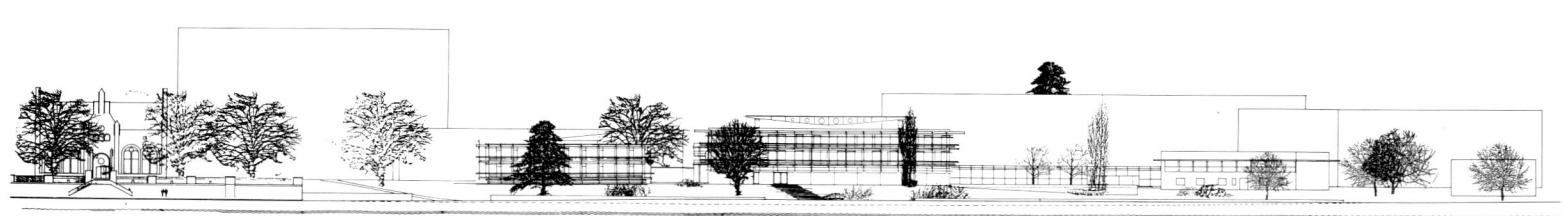

11

12

13

Innenraumperspektive mit
Blick auf den Präsidialbereich
und Plenarsaal

14

Perspektive Plenarsaal

Über unser Büro

Unser Architekturbüro ist vor vierzig Jahren entstanden. Seinerzeit hatte ich mit Bruno Lambart – einem Freund aus dem Studium – den Auftrag erhalten für den Neubau einer Handelsschule des Landkreises Schwäbisch Gmünd; aufgrund eines Erfolges in einem Architektenwettbewerb. Danach kam der Neubau des Hans-Baldung-Gymnasiums und dann des Landratsamtes, alles in Schwäbisch Gmünd und durch Architektenwettbewerbe.

Einige Jahre danach hatten wir ein weiteres Architekturbüro installiert in Düsseldorf, der Heimatstadt Bruno Lambarts, nachdem wir in Duisburg und in anderen Städten Wettbewerbe gewonnen und Aufträge erhalten hatten (zum Beispiel Schulgebäude in Duisburg-Hüttenheim und Duisburg-Ungelsheim). Beide Architekturbüros hatten genügend Arbeit. So blieb Bruno Lambart letztlich in Düsseldorf, ich blieb in Stuttgart; und es lag nahe, zwei voneinander unabhängige Architekturbüros weiterzuführen.

Das Architekturbüro in Stuttgart lief dann mehrere Jahre nurmehr unter meinem Namen. Im darauffolgenden Zeitabschnitt hatten wir den Namen des Projektarchitekten dem meinen hinzugefügt, also zum Beispiel ›Behnisch & Bidlingmeier‹, ›Behnisch & Seidel‹ und so weiter.

Im Westen Stuttgarts entstand der Neubau der Vogelsangschule, in Göppingen das Hohenstaufen-Gymnasium und in Lorch im Remstal das Gebäude für eine Volksschule.

Während dieser Jahre – und auch später noch, eigentlich bis in unsere Zeit – bekamen wir unsere Aufträge durch Wettbewerbserfolge. Das war die Art der Akquisition, auf die wir uns verstanden.

In den sechziger Jahren hatten wir uns einige Zeit intensiver beschäftigt mit den Möglichkeiten, Bauwerke zu realisieren mittels industriell gefertigter, großformatiger Bauteile. Seinerzeit ist die Anlage für die Ingenieurschule in Ulm (heute: Fachhochschule) entstanden. Das war die erste große, komplett vorgefertigte Bauanlage der öffentlichen Hand. Dieser Anlage ist auch heute noch eine gewisse ›gelassene Würde‹ zu eigen. Sie mag stehen als Zeichen für die zweite Phase unserer Arbeit. Die Vogelsangschule ist ein Beispiel für die erste Phase. Das Land Baden-Württemberg, der Bauherr für die Ingenieurschule (FH) in Ulm, übertrug uns dann noch den Neubau für eine gleiche Anlage in Aalen.

In der zweiten Hälfte der sechziger Jahre hatten wir die Möglichkeiten, die seinerzeit im Bauen mit industriell gefertigten großformatigen Elementen lagen, durchgearbeitet. Die entwickelten Systeme wurden inzwischen von Firmen angewandt. Und wir hatten – nachdem unser Interesse an dieser Sache geringer geworden war – erkannt, daß diese Systeme – konsequent eingesetzt – das architektonische Repertoire stark einschränkten. Von dieser etwas einseitigen Orientierung an der neuen Bautechnik haben wir uns dann gelöst. Und bei unseren folgenden Planungen haben wir neben den industriellen Techniken wieder verstärkt handwerkliche Techniken angewandt.

1967 wurde eine Partnerschaft mit vier Mitgliedern des Büros vereinbart – Fritz Auer, Winfried Büxel, Erhard Tränkner, Karl-Heinz Weber –, der sich 1970 Manfred Sabatke anschloß.

Ein außergewöhnliches Ereignis in der Geschichte unseres Büros war sicher der erste Preis (1967) und dann der Auftrag (1968) für den Olympiapark in München. Für die vier Jahre, in denen wir diese Anlage planten, wurde ein Büro in München eingerichtet. Viele engagierte junge Architekten waren dort tätig und hervorragende Ingenieure und Kollegen dazu. Besonders erwähnen möchte ich den Landschaftsarchitekten Günther Grzimek, mit dem wir befreundet waren seit unserer gemeinsamen Arbeit am Neubau für die Ingenieurschule in Ulm. Mit ihm haben wir dann den Park im Olympiagelände geplant. Die Tatsache, daß es gelungen ist, die von sich aus wahrlich sehr großen Sportbauten dem Gelände so zuzuordnen, daß der Parkcharakter desselben im Vordergrund bleibt, verdanken wir sicher auch und besonders Günther Grzimek.

Die Überdachung der Sportbauten wurde gemeinsam mit Frei Otto und Leonhardt und Andrä geplant. Im letztgenannten Büro war es Jörg Schlaich, dessen Engagement entscheidend das Vorhaben zum Erfolg führte. Frei Ottos jahrzehntelangen Forschungen und Arbeiten in der Sache waren die Basis des Ganzen. Er hatte auch das Tragwerk des Münchner Olympiadaches konzipiert.

Mehr als einhundert Architekten, sicher nicht weniger Ingenieure, Spezialisten, Berater waren tätig. Carl Merz vertrat die Bauherrschaft. Wer hat was bewirkt? Wie sollte Werk und Erfolg aufgeteilt werden? Ohnehin erscheint es mir problematisch und inhaltlich falsch, wenn Leistungen im Bereiche der Architektur einer Person zugeschrieben werden (wenn ich auch verstehe, daß die Öffentlichkeit Sachprobleme gerne an Personen knüpft). Wie viele hochqualifizierte Architekten und Ingenieure wirkten in unseren Büros oder in Firmen! Sie sind es, die das Wesentliche von dem leisteten, was geleistet werden mußte. Große Bauwerke kann heute niemand alleine planen, und niemand kann die Anteile des einzelnen im Nachhinein genau herausdestillieren aus dem Ganzen. Und in unseren Büros arbeiten Kollegen auf Zeit, die bezüglich ihres Könnens und ihrer Leistungen keinesfalls bekannten Namen nachstehen, die eigene Büros betreiben.

Die Aufgabe Olympiapark kam auf uns zu in einer für uns günstigen Situation: Die Partnerschaft hatte ihre Fertigkeiten gut ausgebildet. Wir waren vorbereitet für ›größere Aufgaben‹. Wir hatten uns – nach unseren Exerzitien in Bautechnik und Bauökonomie – den ›freieren‹ Lösungen wieder zugewandt. Und auch die politische Situation in der Bundesrepublik in diesen Jahren deckte sich mit unseren Vorstellungen. Die Aufgabe selbst war vom Bauherren thematisch gut vorbereitet worden, und nicht zuletzt: Der Jury des Wettbewerbes, der Egon Eiermann vorstand, war eine gewisse Bereitschaft zum Risiko zu eigen. Später mußten auch die Verantwortlichen aus dem Bereich der Politik manches Risiko auf sich nehmen; was auch geschah.

In der Vita unseres Büros gibt es Projekte, die herausragen aus der Reihe anderer Lösungen, die gewisse Höhepunkte sind. Zu diesen hervorgehobenen Projekten gehört für uns zweifelsohne der Olympiapark.

1968 war ich berufen worden als ordentlicher Professor auf den Lehrstuhl für ›Entwerfen und Baugestaltung‹ an der Architekturfakultät der Technischen Universität in Darmstadt. Und auch von daher wurde unser Büro angeregt, Neues zu versuchen.

Während der Zeit, in der wir vorwiegend in München arbeiteten, entstanden im Büro in Stuttgart neue Dinge; zum Beispiel die Mittelpunktschule ›in den Berglen‹, die Sporthallen in Waiblingen und Rothenburg und danach das Gebäude für die Realschule in Lorch. Offensichtlich war es so, daß im Stuttgarter Büro für die dort Tätigen Freiräume entstanden waren durch den Wechsel der erfahrenen Kräfte von Stuttgart nach München, Freiräume, in denen sich Neues entwickeln und ansiedeln konnte; eine Erfahrung, die wir als Aufforderung verstanden, die Freiräume für Mitarbeiter, die bei uns ohnehin größer waren als allgemein üblich, weiter zu vergrößern. Heute meinen wir, wir sollten diese Spielräume so groß wie möglich gestalten und unsere jungen Kollegen ermuntern, diese Freiräume auch zu nützen.

Auch von diesem Ansatz her ist die Unterschiedlichkeit und Vielfältigkeit der in unserem Büro entwickelten architektonischen Lösungen während der vergangenen zwei Jahrzehnte zu sehen. Hinzu kommt unsere Neugier, die darauf zielt, in unserer Arbeit immer wieder neue Facetten unserer Welt kennenzulernen, und durch unsere Arbeit die Individualität der speziellen Aufgabe zu entdecken.

Indem wir uns dem Individuellen und dem Besonderen zuwenden, geben wir diesen die Möglichkeit, sich zu realisieren – in unseren Bauten. Wären wir hingegen vor allem am Allgemeinen interessiert, an dem, was allen Aufgaben – auch den unterschiedlichsten – gemeinsam ist, zum Beispiel an den Problemen der Organisation, der Abwicklung, der Verwaltung und so weiter, würde eben vor allem dieses allen Projekten Gemeinsame, dieses Allgemeine in den architektonischen Lösungen zu Wort kommen. Letztlich sähen alle Gebäude dann gleich oder wenigstens ähnlich aus. Könnte das jemand wünschen?

Oft hat das ›Schicksal‹ der Projekte, die in unserem Büro bearbeitet wurden – wenn man das Ganze im nachhinein betrachtet – starken Einfluß auf die endgültige Form der Projekte gehabt. Der Olympiapark wurde schon erwähnt: einerseits die besonders günstigen Bedingungen – man sieht das dem Park wohl an – andererseits besondere Schwierigkeiten beim Realisieren der Überdachung. Auch das kann man heute noch herauslesen. Die Überdachung hat sich infolge technischer Probleme und vor allem infolge von Problemen im Bereich der kollegialen Zusammenarbeit in den Vordergrund

geschoben, stärker als dies zunächst gedacht war. Wohl ist diese Überdachung zum Symbol für die Olympiaanlagen schlechthin geworden. Aber sie beherrscht nun auch die gesamte Anlage stärker als wir das eigentlich wollten.

Ende 1980 hat unsere Partnerschaft sich getrennt in zwei Büros: Ein Büro Auer & Weber und eines mit Behnisch, Büxel, Sabatke, Tränkner. Erwähnt werden muß hier Christian Kandzia, der nun seit mehr als zwanzig Jahren mit uns arbeitet, der unsere Publikationen und Ausstellungen vorbereitet, der photographiert und darüber hinaus bemerkenswerte Bauten realisierte (wie zum Beispiel den Kindergarten in Neugereuth, das Schulgebäude in Alfdorf und das Hauptschulgebäude in Lorch). Heute hilft er den Kollegen unseres Büros beim ›finish‹ ihrer Bauten.

Auch die beiden Kindergärten haben ihre Geschichte: 1973 sollten wir für die evangelische Gemeinde in Neugereut einen Kindergarten planen. Neugereut, ein neuer Stadtteil im Nord-Osten Stuttgarts, über dem Neckartal, war seinerzeit gezeichnet auch durch Anlagen des ›Massenwohnungsbaues‹, durch hohe, konzentrierte Gebäude aus vorgefertigten Stahlbetonteilen. Wir meinten, wir sollten in dieser Situation den Kindern, die dort aufwuchsen, nochmals eine Chance außerhalb der zweckorientierten Welt bieten; und wir planten, ein ausgedientes, weil unrentabel gewordenes Neckarschiff auf den Bauplatz zu setzen und als Kindergarten einzurichten. Wir fanden eine größere Anzahl solcher unrentierlicher Schiffe, zum Beispiel im Hafen von Mainz. Und eines davon hätten wir auch preiswert bekommen und aufstellen können. Wir hielten das für einen guten Gedanken. Wir meinten, daß Kinder, die in solch einem Kindergarten zwei Jahre verbracht hätten, einfach andere und vielleicht auch bessere Erinnerungen mit ins Leben nehmen könnten als Kinder, die zum Beispiel in einem vorgefertigten Typengebäude untergebracht sind.

Seinerzeit fand die Bauherrschaft diesen Gedanken wohl nicht so gut. Jedenfalls, man wünschte sich ein Haus, ein richtiges Haus. Und wir planten und realisierten ein Haus; das heißt, ein so ganz richtiges Haus wurde es dann doch nicht. Etwas Unreales, Verwunschenes ist auch diesem Kindergarten noch zu eigen. Aber das Schiff war vergessen; so meinten wir jedenfalls.

Jahre später bekamen wir von der Stadt Stuttgart den Auftrag, einen anderen Kindergarten zu planen, nun in Luginsland in Stuttgart-Untertürkheim. Und plötzlich war das Schiff wieder da. Es schien so, als habe es diese vielen Jahre gewartet darauf, nun in Luginsland, dem Rotenberg, der Begräbnisstätte der Württembergischen Könige gegenüber, in den Weinbergen in hoher See stampfen zu können. Und jetzt gab es auch keine Bedenken mehr. Alle waren einverstanden damit.

Zunächst meinten wir, dieser Kindergarten sollte aus Stahlbeton sein. Es schien uns angemessener, die etwas ungewöhnlichen Formen in Beton zu gießen — schließlich folgt dieses Material (fast) allen Formvorstellungen. Beim Versuch, die Baukosten zu reduzieren, kamen wir dann zu einem günstigeren Angebot. Allerdings mußten wir dafür das Gebäude umkonstruieren, denn dieses Angebot sah ein Holzschiff vor.

Und so geschah es: Die Eigenarten und Eigensinnigkeiten des Holzes und dessen Verarbeitungstechniken mußten berücksichtigt werden und haben dann das Schiff etwas verändert, besonders in Einzelheiten. Manches wurde jetzt flächiger (Holzplatten) oder linearer (Bretter). Wir haben uns mit der Veränderung bald ausgesöhnt. Wir erkannten, daß eine zusätzliche Dimension Einfluß gewann, die das Ergebnis bereicherte. Wir (Sibylle Käppel) und die Mitarbeiter der Firma Huber mußten uns besonders bemühen. Und durch die Eigenart der Holzprodukte und deren Verarbeitungstechniken hat das Ganze eine weitere Dimension angenommen.

Ähnliches hatten wir erfahren Jahre zuvor beim Bau der Ingenieurschule in Ulm. Deren Entwurf war aus einem Architektenwettbewerb hervorgegangen. Und von daher waren ihm architektonisch-räumliche Qualitäten zu eigen. Es hätte nahegelegen, diese Anlage konventionell zu realisieren. Durch vorgegangene Entwicklungen außerhalb und innerhalb unseres Büros, kamen wir gerade zu dieser Zeit, in der dieses Projekt geplant werden mußte, zur Vorfertigungstechnik. Manches sprach dafür: Die erhoffte größere Präzision, die höhere technische Qualität, die Chance, mehrere der klassischen Gewerke zusammenfassen zu können in einem Vorfertigungselement und vieles mehr. Und manches sprach dagegen: zum Beispiel die härteren inneren Gesetze solcher quasi industrieller Bautechniken, die Notwendigkeit, frühzeitig möglichst viel festlegen zu müssen und anderes. Und solche unterschiedlichen, zum Teil sich entgegenstehenden Momente waren bei diesem Bauwerk dann auch wirksam und haben der ganzen Anlage einen gewissen spröden Charme verliehen. Gestützt wurde diese Tendenz durch die von Günther Grzimek bearbeiteten Freianlagen.

Das Hymnus-Chorknabenheim in der Birkenwaldstraße in Stuttgart wurde in unserem Büro bearbeitet von Dieter Hermann, der unter anderem auch das Altenheim in Reutlingen plante. Bei beiden Projekten wurden die Möglichkeiten des Büros, im Formalen Ordnung zu finden, erweitert, mit dem Ziele, nicht vom Formalen her Begrenzungen vorzugeben, an denen Wünsche und Erfordernisse aus anderen Bereichen scheitern müßten. Selbstverständlich, wir akzeptieren durchaus auch die Notwendigkeit, wenigstens im Formalen Ordnung zu suggerieren, stellvertretend für Ordnungen in anderen Bereichen, die wir (noch) nicht ohne weiteres erfassen können und die uns deshalb zunächst noch als ungeordnet erscheinen, obwohl wir doch ahnen, daß wir diese Ordnungen möglicherweise morgen verstehen können. Jedenfalls, wir meinten, daß es unsere Aufgabe sei, diejenigen formalen Ordnungen zu finden, die letztlich alle Ansprüche aus zum Beispiel dem Sozialen, Humanen und auch aus dem Praktisch-Funktionalen heraus integrieren könnten.

Wir meinten auch, daß die Dinge im Formalen nicht zu Ende getrieben werden sollten. In diesem Bereich sollten unsere Bauten auch in Teilen nicht abgeschlossen werden, sie sollten sich weiterentwickeln können, vielleicht sogar in eine noch nicht absehbare Richtung. Auch meinten wir, daß Architektur sich nicht anschließen sollte der scheinbaren Perfektionen der technischen Apparate, daß vielmehr in Architektur auch Überraschendes, Unvollkommenes und hin und wieder auch Skurriles Platz finden müßte.

Im Laufe der Geschichte unseres Büros waren wir mit vielen jungen Architekten verbunden. Und eigentlich möchte ich die meisten erwähnen: Harry Ludszuweit zum Beispiel oder Felix Heßmert, Hartmut Niederwöhrmeier, Gotthard Geiselmann, Eberhard Pritzer und viele andere mehr. Sie haben ihr Bestes gegeben, und wir haben dieses angenommen, als wäre das so selbstverständlich.

Zum Beispiel Hannes Hübner. Er hat die Sporthallen in Waiblingen auf der Korber Höhe und in Rothenburg ob der Tauber geplant. Und dann auch den Neubau der Realschule auf dem Schäfersfeld in Lorch. Vor allem dieses letztere Projekt hat das Ansehen unseres Büros gesteigert. Vorausgegangen war die Schule ›in den Berglen‹, welche wir Ende der sechziger Jahre erstellt hatten; eine sogenannte Mittelpunktschule für vier kleinere Gemeinden. Auch wir mußten die seinerzeit von den Schulbehörden formulierten Forderungen berücksichtigen. So sollten die Klassentrennwände leicht versetzbar sein, alles sollte möglichst variabel und adaptabel sein. Man meinte, man müßte ein Gebäude schaffen, welches allen möglichen Ansprüchen entsprechen könnte, auch solchen, die bis dahin nicht bekannt waren. Diesen und anderen Forderungen haben wir dann in gerade noch vertretbarem und geringstmöglichem Maße entsprochen. Der ›normale‹ Verstand der am Ort Zuständigen hat uns geholfen bei diesen Bemühungen.

Wie zu erwarten war, der Grundriß der Anlage wurde in den vergangenen zweiundzwanzig Jahren nicht verändert. Warum sollte er auch? Auch die Grundrisse derjenigen Schulanlagen, in die seinerzeit beim Bau hohe Kosten gesteckt wurden für mögliche Veränderungen vorbereitende Techniken, sind ja nicht verändert worden. Aber solchen ›Ideologien‹ zuliebe wurden seinerzeit von vielen miserable architektonisch-räumliche Erscheinungen in Kauf genommen, Raumkästen ohne Tageslicht und manches andere mehr. Die Opfer, die den Götzen Variabilität, Adaptabilität – und wie seinerzeit diese alle hießen – gebracht wurden, waren einfach zu groß.

Die Schule ›in den Berglen‹ folgt anderen Vorstellungen: Die Flächen der üblicherweise langen und langweiligen Klassenflure wurden zusammengefaßt zu einer Halle (solche Hallen hatten wir schon früher geplant, zum Beispiel bei der Vogelsangschule in Stuttgart). Und die Klassenräume scharen sich dann um diese Halle. Wir meinten, es würde der Schulgemeinschaft helfen, wenn jeder Schüler und jeder Lehrer dann, wenn er seinen

Raum verläßt, die gesamte Schule überschauen und erleben könnte.

Es ist leichter für ›kleine öffentliche Hände‹, für kleinere Gemeinden zum Beispiel, zu arbeiten. Und es ist auch angenehmer. Dort trifft man auf diejenigen, die das Vorhaben zu verantworten haben, die entscheiden können und entscheiden müssen. Macht und Verantwortung sind nicht getrennt. Und in der Regel ist man dort auch dankbar für gute Leistungen. ›Große öffentliche Hände‹ dagegen treten uns gegenüber mit großen, in ihren Teilen spezialisierten Verwaltungen. Und diese Organisationen scheinen den darin Tätigen Mut und Kompetenz zu nehmen. Zusammen mit kleineren Verwaltungen ist es leichter, Neues zu entwickeln – und gute Architektur ist auch auf das Neue angewiesen.

Ähnliche günstige Umstände trafen wir in Lorch. Hier wurde dann die Realschule geplant. Den Entwurf der Schule ›in den Berglen‹ haben wir weiterentwickelt. Und tatsächlich ähnelt das Gebäude der Realschule auf dem Schäfersfeld dem der erwähnten Schule. Allerdings sind auch eine Reihe von Veränderungen und Anpassungen und Weiterentwicklungen vorhanden; deutlich zu erkennen in den Bereichen, die sich im Erdgeschoß mit der umgebenden Landschaft verbinden. Im gesamten Gebäude und an seinen Teilen ist das Bemühen erkennbar, einerseits die Qualität der sich um einen Mittelpunkt gruppierenden Anlage herauszuarbeiten, andererseits diejenigen Elemente und Aspekte, die in dieser Situation nicht gewinnen würden, zu befreien von Bindungen an die Kreisgeometrie.

In den Arbeiten aus diesen Jahren ist erkennbar, daß wir uns bemühten, die in den Aufgaben steckenden Freiräume aufzuspüren, unangemessene Ansprüche zurückzuweisen und so Spielräume zu schaffen für Dinge und Aspekte, die üblicherweise zu kurz kommen. Das Spielerische ist nun mal ein Kind der Freiheit.

Diese Tendenz unserer Bemühungen hat sich dann fortgesetzt. Mitte der siebziger Jahre haben wir auf dem Schäfersfeld eine Sporthalle geplant und zu Beginn der achtziger Jahre dort ein Gebäude für eine Hauptschule.

Es geschieht schon, daß neu in unser Büro kommende Architekten dasjenige, was wir uns an vorangegangenen Projekten erarbeitet hatten, einfach übernehmen möchten. Andere dagegen wollen sich bewußt absetzen von dem Vorangegangenen. Beide Ansätze sind nicht ohne Probleme. Eigentlich möchten wir jede Lösung aus den der speziellen Aufgabe eigenen Konditionen heraus entwickeln können. Das ist das Ziel. Nicht immer erreichen wir das. Aber wir bemühen uns darum. Wobei uns das Neue willkommen ist. Es hat alleine durch die Tatsache, daß es neu ist, Bedeutung für uns. Denn in ihm erkennen wir Neues unserer Welt. Andererseits achten wir darauf, daß das Neue mindestens das gleiche leisten sollte, was das Vorangegangene leisten konnte.

Und es wäre auch ein Irrtum, wollten wir annehmen, daß das bis dahin Vorhandene verlorenginge, wenn wir

Neues entdecken. So ist das nicht. Das Neue erweitert unsere Welt, erweitert unsere Sicht von unserer Welt und erweitert unsere Möglichkeiten, differenzierter auf nun auch differenziert gesehene Aufgaben eingehen zu können. Aber das Alte ist nicht verloren dadurch. Mit ihm werden die bis dahin auch auf einer überschaubaren anderen Ebene gestellten Fragen eben in dieser anderen Ebene beantwortet. Und wir müssen wissen, daß die alten Antworten umfassender, wenn auch weniger differenziert waren, daß die neuen Antworten hingegen differenzierter möglich sind, jedoch auch weniger umfassend. Und daraus ergibt sich, daß wir heute mit unserem differenzierten Material für Architektur unsere Aufgaben auch differenzierter angehen müssen. Wir müssen also einen Bereich nach dem anderen und eine Ebene nach der anderen behandeln. Und unsere Lösungen werden schon von daher weniger eindeutig, weniger monumental sein, eher vielschichtig, differenziert, wahrscheinlich sogar undeutlich, diffus. Was sollen wir machen? Wir können doch nicht mit dem Ziele, eine ›eindeutige‹ Architektur zu erreichen, die heute diffenzierten Möglichkeiten vernachlässigen.

Im Laufe der vergangenen vierzig Jahre haben wir uns an ungefähr vierhundert Architektenwettbewerben beteiligt. Und wir haben einhundert Projekte realisiert.

Manche Projekte, die wir nicht bauen konnten, sind für uns von großer Bedeutung. Es sind Marksteine in der Entwicklung unseres Büros. Zu diesen gehören unter anderem der Wettbewerbsentwurf für das Rathaus in Mannheim aus dem Jahre 1961 und die Arbeit für das Kongreßzentrum für die Hannover-Messe aus dem Jahre 1986.

Und es gibt realisierte Bauten, die im besonderen Maße beachtet wurden von der Fachöffentlichkeit. Hier wären vor allem das Postmuseum in Frankfurt/Main zu nennen (Frank Stepper, Arnold Ehrhardt, Peter Schürmann und andere) und das Hysolar-Institutsgebäude der technischen Universität in Stuttgart-Pfaffenwald. Andere Bauten sind wohl bekannt, offensichtlich aber weniger spektakulär. Hier sollten wir das Studienzentrum der evangelischen Kirche in Stuttgart-Birkach (Karlheinz Weber) nennen und das Verwaltungsgebäude des Diakonischen Werkes in Stuttgart. Letzteres wurde in unserem Büro von Gerald Staib bearbeitet, der dann auch der Projektarchitekt und Projektpartner für den Neubau des Plenarsaalbereiches des Deutschen Bundestages in Bonn ist. In der letzten Zeit haben wir uns mit mehreren größeren Projekten beschäftigt. Der Plenarsaalbereich wurde schon genannt, dazu gehören der Ergänzungsbau der Deutschen Bundesbank in Frankfurt, das technische Zentrum der Landeszentralbank in München und der Neubau der Landesgirokasse in Stuttgart. Solch große Projekte sind nicht ohne Probleme. Einerseits stabilisieren sie wohl die ökonomische Basis des Büros, andererseits binden sie über Jahre viele Kräfte und viele Energien. Alleine die Organisation der Größe verbraucht immense Kraft. Und es dauert lange, bis man an das ›Wesentliche‹ von Architektur überhaupt kommt.

Die Deutsche Bundesbank hat nach mehr als zweijähriger Arbeit das Projekt storniert. Das ist nicht zuerst ein Problem bezüglich der Finanzen unseres Büros. Man sollte aber schon bedenken, daß so durch einen einzigen Beschluß mehr als sechzig Arbeitsjahre und das Können hochqualifizierter Architekten storniert werden. Welche Kraft im Bereich der Baukultur geht hier verloren. Und damit ist unsere Gesellschaft in dieser Zeit doch wahrlich nicht gesegnet. Insofern hat ein solcher Beschluß auch Konsequenzen im Bereich der Kulturpolitik.

Bei kleineren Projekten kommen wir schneller zu einem Ergebnis. Hier wären zu nennen die Sonderschule in Bad Rappenau (Wolfgang Hinkfoth) und die Neugestaltung des Bahnhofsplatzes in Stuttgart-Feuerbach (Matthias Tusker, Ulrich Mangold).

Heute ist unser Büro recht groß geworden, eigentlich zu groß für unsere Ansprüche und für unsere Gewohnheiten. Schon aus diesem Grunde arbeiten wir an zwei Stellen in Stuttgart. In Sillenbuch, das ist das alte Büro. Und in Stuttgart-Stadtmitte ist ein neues. In diesem Büro ist als weiterer Partner Stefan Behnisch tätig.

Die Art und Weise wie wir arbeiten, ist abhängig von dem, was wir erreichen möchten und auch von der Größe und Art unseres Büros. Früher haben wir die Lösungen der Aufgaben vorwiegend über Zeichnungen gefunden. Das betraf den sogenannten Entwurf einer Anlage und auch das Entwickeln von Einzelheiten, Zeichnungen und Skizzen (diese mit 6B). Ich neige heute noch zu dieser Art der Annäherung an Lösungen. In den übereinanderliegenden, sich zu kleinen Transparentpapierbergen aufbauenden Entwurfsskizzen leuchten in der Regel nach einiger Zeit Lösungen durch, die man selbst nicht gezielt angestrebt hatte, die sich entwickelt haben eher aus sich selbst heraus. Nach dem Zeichnen haben wir durchaus Lösungen diskutiert und auch im Modell überprüft; aber eigentlich erst im nachhinein.

Mittlerweile nähern wir uns unseren Lösungen über zeitlich parallel laufende Wege: In Skizzen, Zeichnungen, Modellen, Photos und Diskussionen. Das mag auch in der Größe des Büros begründet sein und auch darin, daß derjenige (oder diejenige), der die Lösung bearbeitet, kontinuierlich andere überzeugen muß und auch von diesen beeinflußt wird. So muß er seine Arbeit von mehreren Ebenen her bedenken und auch offenlegen und rechtfertigen. Das mag ein mühsamer Prozeß sein. Andererseits wird dadurch eine größere Zahl von Architekten im Büro einbezogen in den Entwurfsprozeß. Neue Modelle neben dem Arbeitsplatz regen Aufmerksamkeit und Gespräche an. Unser Büro ist voller Modelle in den unterschiedlichsten Maßstäben von 1:2500 bis 1:10.

Das Erklären im Theoretischen folgt der Praxis, geht dann selbstverständlich wieder ein in die Praxis. Ich neige jedoch dazu, zunächst anzufangen; und das mit Stift und Papier und kleinen Modellen. Diskussionen im allgemeinen entwickeln sich anhand dieser Arbeiten. Sie sollten nicht im Vorfelde das Spezielle zudecken.

Möglicherweise werden heute bei uns mehr Modelle gebaut als nötig wären. Das mag daran liegen, daß der Modellbau Arbeit für Praktikanten geworden ist. Daran ist nichts auszusetzen. Andererseits waren die beim Bauen von Modellen anfallenden direkten Erkenntnisse für die beständig am Projekt Tätigen größer, als diese die Modelle noch selbst bauten.

Heute sind in unserem Büro viele Architektinnen tätig, fast zur Hälfte. Und vier Projekte werden von Frauen geleitet (Hysolar II: Sabine Hammer, Diakonie II: Gabriele Beier, Schule in Frankfurt: Birgit Scheid, Schule in Öhringen: Dagmar Schork).

Bisher arbeiten wir noch nicht mit CAD. Und ich meine, daß ein Zusammenhang bestehen müßte zwischen der Art unserer Arbeit, dem Ergebnis dieser Arbeit und auch dem Erfolg. Ich meine, daß wir eine ›Nische‹ besetzen mit unserer individuellen Handarbeit. Andererseits dringen einige jüngere Architekten im Büro darauf, wenigstens Werkpläne für größere Projekte mit CAD zu entwickeln, vielleicht eher: zu verwalten. Also werden wir das probieren; sehr vorsichtig allerdings.

Früher kannten die im Büro Tätigen sich gut. Und ich nehme an, daß man sich gegenseitig manches zu Gefallen tat. Die innere Struktur des Büros war am stärksten entwickelt auf der Ebene des Persönlichen. Heute ist dies schon von der Größe des Büros her anders, und auch infolge des großen Unterschiedes im Lebensalter bauen sich leichter Schwellen auf (auch bezüglich der Lebenserfahrung und auch im Hinblick auf den Zeitgeist, mit dem man sich entwickelt hat).

Wir versuchen, solche Probleme abzubauen, indem unsere Arbeit von relativ selbständigen Gruppen innerhalb des Büros übernommen wird. Und diese Gruppen vertreten dann ihre Arbeit gegenüber der Bauherrschaft und dem ganzen Büro gegenüber. Die Arbeit ist dann nicht mehr so einfach wie früher. Das scheint zur Zeit jedoch derjenige Weg zu sein, mit dem wir zurechtkommen können.

Auch diese Arbeitsweise führt zu unterschiedlichen Ergebnissen bei den unterschiedlichen Aufgaben. Denn die Ergebnisse, die ja speziell sein sollen und nicht zuerst vom Allgemeinen her bestimmt, entwickeln sich im Kontext von Aufgabe und Verfahren. Und dazu gehört eben auch das Umfeld; auch die beteiligten Personen gehören dazu.

Arbeitsweise und innere Ordnung unseres Büros haben sich immer wieder geändert. Wir mußten uns anpassen: gegenüber den Aufgaben, den Konditionen der Zeit, in Abhängigkeit von der Größe unseres Büros und so weiter. Heute denken wir darüber nach, wie dieses relativ große Büro sich weiterentwickeln könnte. Abbauen, reduzieren das ist sehr schwer. Wer wollte denn in einem Büro sein, dessen erklärtes Ziel es ist, sich selbst aufzulösen? Aufbauphasen sind in der Regel leichter zu bewältigen als Konsolidierungsphasen und auch leichter als Auflösungsphasen. Aus dieser Einsicht heraus meine ich, wir sollten das große Büro weiter unterteilen in kleinere Einheiten, die zunächst noch zusammenarbeiten bezüglich einiger Aspekte, die sich jedoch bald trennen sollten. Damit hätten diese kleinen

Einheiten wieder die Chance, sich zu entwickeln aus eigenem Antrieb und eigenen Gesetzen heraus. Ich nehme also an, daß wir in allernächster Zukunft etwas aufgeben müssen, etwas auflösen müssen, an dessen Entstehen wir Jahrzehnte gearbeitet haben. Das wird sicherlich nicht leicht sein. Aber welche Lösung gäbe es sonst?

Mitarbeiter des Büros seit 1952

Achtnich, Waldemar
Ackermann, Robert
Aicher, Florian
Albrecht, Gunter
Albrecht, Johann
Altayli, Tanju
Arens, Alfred
Ascher, Silke

Bacher, Manfred
Bächle, Martin
Balg, Thomas
Ballnath, Marcus
Baske, Manuela
Bassin, Delia
Bauer, Eberhard
Bauer, Jörg
Bauer, Till
Bauer, Walter
Bauer, Wolfgang
Bauersfeld, Karin
Bechet, Dominique
Beck, Thomas
Becker, Erich
Becker, Karlheinz
Beckmann, Detlef
Behnisch-Fries, Petra
Behnisch, Stefan
Beier, Gabriele
Beier, Hans
Beiermeister, Raymon
Beil, Roland
Bence, Tibor
Benkert, Karl-Heinz
Berghammer, Siegfried
Bergmann, Angela
Berktold, Ruth
Bernadi, Hatto
Betz, Oliver
Beutel, Helmut
Beyer, Dieter
Bidder, Konstantin von
Bidlingmaier, Irene
Bieber, Siegfried
Bielenberg, Klaus
Bierich, Kai
Bischoff-Köhle, Beate
Bjarnadottir-Ragnarsson,
  Valdis
Blank, Michael
Blank, Stefan
Bleyer, Götz
Bobran, Ingrid
Bock, Klaus von
Bodmer, Günter
Böhm, Falk
Bomze, Stanislaw
Bozic, Veriza

Brandt, Juliane
Brandt, Thomas
Brecht, Günter
Breitenbach, Brigitte
Brennenstuhl, Heide
Brockhaus, Mathias
Brodbeck, Barbara
Brüchner-Hüttemann,
  Kai
Brüggemann, Beate
Brümmendorf, Eva
Buck, Hans-Jörg
Buob, Alex
Burkart, Matthias
Buttgereit, Ottmar
Butzke, Katja
Büxel, Berchtold

Callahan, Patricia
Cammerer, Bernd
Carter, Silke
Cermak, Katrin
Cevela, Vaclav
Chwoika, Astrid
Coulin, Maria
Crumbach, Andrea

Dahinden, Iris
Dahringer, Simone
Daller, Joachim
Dallinger, Norbert
Dam, T. Viet
Dasch, Helmut
Dechamps, Madeleine
Deger, Jürgen
Deistler, Rudolf
Demirag, Korkut
Dexling, Susanne
Dierlamm, Friederike
Dietl, Peter
Dirks, Bettina
Ditschuneit, Andreas
Dobsa, Eduard
Dongus, Silke
Drehsen, Olaf
Duscha, Burkhard
Duwe, Bernd

Eberle, Werner
Eberlein, Thomas
Ebinger-Woll, Cornelia
Eckert, Andrea
Eckert, Friedrich
Egenhofer, Ursula
Ehmann, Ulrich
Ehmann, Sybille
Ehrhardt, Arnold
Eichenbrenner, Franz

Eicher, Gerd
Eichhorn, Franz
Eilers, Hubert
Eilers, Martina
Einhauser, Nikolaus
Eisenbeis, Werner
Eisinger, Simon
Ellinghaus, Jörg
Emmrich, Birgit
Enßlin, Werner
Ewerth, Ingo

Fahr, Karl
Fahrig, Lothar
Falk, Beate
Fecskes, Julianna
Feilberg, Jörg
Feuerstein, Gerhard
Flaubert, Stefanie
Folge, Reinhardt
Forell, Klaus
Förschler, Ulrike
Forster, Christoph
Forster, Günter
Franke-Höltzermann,
  Carola
Frese, Wolfgang
Fricke, Ines
Friedemann, Arndt
Friedrich, Manfred
Friedrichs, Horst
Fries, Celine
Fritz, Richard
Fröhlich, Frauke
Fütterer, Thomas

Gackstatter, Susanne
Gallagher, Tina
Gebert, Armin
Geiger, Sebastian
Geiselmann, Gotthard
Geissler, Garnet
Georg, Stefanie
Glock, Barbara
Gloe, Eckhart
Golly, Edeltraud
Gonzales, Joan
Görsch, Dieter
Gottschlich, Thomas
Gottwald, Jürgen
Graf, Herbert
Graser, Thomas
Grath, Philipp
Gredel, Gisela
Grohs, Harald
Gromann Dieter
Grzimek, Christian
Gsell, Armin

Haberer, Godfrid
Häcker, Tina
Häfele, Claudia
Hagen, Olaf
Hagenmüller,
  Joachim
Hahn, Werner
Hallmaier, Stefan
Hamann, Ulrich
Hammer, Sabine
Hänle, Traudel
Hanselmann, Ulrich
Harder, Franz
Hartmann, Ingrid
Hauff, Jochen
Haug, Johannes
Hauser, Joachim
Heberling, Jürgen
Heilmann, Eberhard
Heinrici, Beatrix
Heinzelmann, Jörg
Hellinger, Joachim
Helmer, Ralf
Henne, Cornelia
Herre, Frank
Herrmann, Dieter
Herz, Ulrich-Josef
Herzlieb, Hans
Herzog, Martin
Heselschwerdt, Horst
Hess, Susanne
Heßmert, Felix
Hildenbrand, Günter
Hilzinger, Christof
Himmel, Klaus-Dieter
Hinkfoth, Wolfgang
Hitthaler, Hans
Hitzig, Lothar
Höck, Michael
Hockova, Diana
Hoke, Edmund
Hönle, Rudolf
Horber, Daniel
Horn, Roland
Hsu, Chia-Yin
Huber, Bigi
Huber, Josef
Hübner, Cyril
Hübner, Hannes
Hughes, Janet
Hühn, Martin
Hundsdorfer, Carola
Hunger, Joachim
Hüngerle, Gerolf
Hurt, Tom

Illgen, Wolfgang
Ineichen, Peter

Jähnichen,
    Hans-Joachim
Jablonka, Heidrun
Jandl, Stefan
Jankoff, Peter
Janofske, Eckehard
Jascht, Walter
Jertschewske, Peter
Jeschek, Volker
Jeske, Reingard
Johannbroer, Ursula
Jötten, Herbert
Juppien, Angelika

Kaiser, Dieter
Kaltschmidt, Katharina
Kaltschmidt, Peter
Kammer, Armin
Kandzia, Christian
Käppel-Klieber,
    Sibylle
Kaschub, Marcel
Kauffmann, Dieter
Kayser, Susan
Keck, Klaus-Dieter
Keim, Thilo
Kenéz, János
Kergassner, Wolfgang
Kief-Niederwöhmeier Dr.,
    Heidi
Kiesz, Elzbieta
Kimmich, Christoph
Kipcak, Orhan
Kipritsis, Dimitrios
Klie, Joachim
Klieber, Götz
Kling, Peter
Kniesel, Kai
Knippel, Jan
Knöss, Michaela
Knott, Margit
Kober, Klaus
Koch, Gisela
Koch, Matthias
Kohler, Peter
Kohlleppel, Ulrich
Könekamp, Jörg
Kowalczik, Dieter
Kowalski, Karla
Kramm, Rüdiger
Krause, Thomas
Krebs, Tim
Kröpsch, Hans-Jürgen
Krug, Jürgen
Kruse, Dagmar
Kruse, Hans-Joachim
Kuhsen, Bernhard
Kulla, Joachim

Kurz, Frohmut
Kurz, Philip

Lachenmann, Dietmar
Lamott, Ansgar
Langer, Brigitte
Langer, Jürgen
Lasch, Tilmann
Lebeck, Jochen
Lehmann, Ralf
Lenz, Rainer
Lettner, Rudolf
Leukel, Wolfgang
Leykamp, Robert
Liebert, Ulrich
Lindahl, Kristine
Linder, Bernd
Lindner, Sabine
Löffelhardt, Urs
Löhle, Rainer
Loidolt, Eckehart
Lucas, Fernandez Jose
Lück, Uwe
Ludszuweit, Harry
Luft, Wolfgang
Lüling, Claudia

MacKinnon, Marion
Mack, Peter
Mader, Edith
Mähl, Bertram
Maier, Bettina
Maier, Claus
Maier, Elmar
Maier, Gerhard
Maier, Otto
Mangold, Ulrich
Marx, Ingrid
Marzluf, Claus
Masche, Wolfgang
Matthesius, Christian
Mattmann, Jürgen
Mauch, Eckart
Maul, York-Peter
May, Carmen
Mayr, Christoph
Meyer, Lür
Meindl, Peter
Menzel, Frank
Merenmies, Mericarita
Meyer, Roman
Meyn, Mathias
Mihm, Claus
Möck, Gabriele
Möckel, Klaus
Mohr, Ricardo
Möller, Christian
Monnerjan, Frauke

Morlock, Manfred
Mugele, Peter
Müller, Carmen
Müller, Jörg
Müller, Konrad
Mundt, Reinhard
Munz, Axel

Nadansky, Martina
Neumann, Katja
Neumann, Ulrich
Niederwöhrmeier Dr.,
    Hartmut
Niehoff, Wolfgang
Nieke, Gudula
Niemeyer, Heinrich
Niemeyer, Ulrich
Niethammer, Robert
Novello, Claudio

Oehring, Ute
Onderka, Jürgen
Ostrop, Patrick
Ott, Wolfgang

Padberg, Alexander von
Parolini, Lucio
Pay, Ulrich de
Peltz, Hermann
Perathoner, Ingrid
Persche, Ernest-Peter
Peteranderl, Klaus
Petry, Falk
Pfeil, Ulrich
Pfiffner, Bruno
Pfudel-Tillmans, Anke
Picorelli, Denise
Plickert, Thorsten
Pohl, Wolfgang
Pope, Tom
Poppe, Manfred
Pritzer, Eberhard
Promel, Roland

Radtkey, Ken
Ramsfjell, Gunnar
Rasser, Peter
Rassner, Peter
Rauch, Wendelin
Räuchle, Eberhard
Rauscher, Sabine
Reichert, Peter
Remmel, Christina
Renner, Joachim
Reyes, Fernando
Riessner, Wolfgang
Ritzki, Helmuth
Rödling, Gerhart

Rogge, Peter
Rohr, Winfried
Roppel, Manfred
Rosewich, Berthold
Rovelli, Laura
Rückert, Ulof
Rudloff, Florian von
Rudolph-Kumpf, Ute

Sachs, Uwe
Sailer, Wolfgang
Salmuth, Alexander von
Santiago, Ana-Maria
Sauerhammer, Birgit
Sauter, Manfred
Saydjari, Camel
Scarbath, Andrea
Schädler, Harald
Schaefer, Daniel
Schäfer, Sigrid
Schaile, Kurt
Schalbruch, Bernd
Schaller, Günther
Scheddel-Mohr, Rolf
Schedler, Daniel
Scheid, Birgit
Schendera, Heinz
Schindhelm, Adolf
Schindler, Uwe
Schirm, Paul
Schlattmeier, Karsten
Schleich, Thomas
Schosser-Ellensohn,
    Margit
Schlüter, Fritz
Schmal, Peter
Schmid, Beate
Schmidt, Wolfgang
Schmöller, Klaus
Schnabel, Siegfried
Schnalke, Edmund
Schneider, Christian
Schneider, Wulf
Schoch, Ralf
Schodder, Martin
Schöffel, Gisela
Scholl, Karin
Scholley, Kay von
Schöpfer, Joachim
Schork, Dagmar
Schröder, Heinz
Schröter, Veronika
Schulz, Uwe
Schulze, Jost
Schürmann, Jutta
Schürmann, Peter
Schüssler, Achim
Schwahn, Cornelia

Schwägerl, Klaus
Schwarz, Irene
Seebe, Klaus
Seeger, Ulrike
Seibold, Sandra
Seidel, Lothar
Seifert, Richard
Seipel, Thomas
Seitz, Frank
Sekoulov, Maria
Shah, Vandarah
Sick, Christine
Sierig, Jörg
Sikiaridi, Elisabeth
Singer, Herbert
Sirvin, Louis
Soboll, Karl-Heinz
Sonek, Michael
Song, Linn
Spieker, Jürgen
Stadelmayer, Hans
Staib, Gerald
Staib, Sabine
Steffens, Jürgen
Stegmiller, Renate
Steinle, Edith
Stepper, Frank
Sternberg, Mechthild
Sterr, Wolfgang
Stetter, Thomas
Stinner, Franz
Stockburger, Horst
Stöckicht, Heidemarie
Straub, Roman
Sturn, Berit
Switala, Lech

Taddei, Daniele
Tanojo, Ratna
Tegeder, Axel
Teltschik, Robert
Theilig, Andreas
Theilig, Cornelia
Thio, Kie Tjong
Tholen, Mark
Thomas, Claus
Thormählen, Carmen
Tillmanns, Ernst-Ulrich
Trauner, Walpurga
Treiber, Heinz
Trojan, Klaus
Trojan, Verena
Troske, Bernd
Tusker, Matthias

Uebele, Andreas
Uez, Winfried
Ungerer, Gaby

Vanek, Jan
Venzke, Petra
Voelki, Peter
Vögele-Knauer, Wolfgang
Vohl, Alexander
Voll, Anne
Vollenweider, Ingemar
Volz, Martin

Wager, Walter
Wehrse, Cord
Weigel, Birgit
Weiss, Jan
Weist, Friedhelm
Wellnitz, Christine
Welschke, Heidemarie
Welter, Udo
Wendler, Wolfgang
Wenglein, Brigitte
Wenzler, Susanne
Werminghausen, Martin
Werner, Sabine
Wessel, Hans-Jürgen
Weyer, Cornelia
Wichmann, Matthias
Wiemken, Gerhard
Wienges, Katharina
Wiettken, Lore
Wiese, Carola
Wiesler, Ulrich
Wild, Thomas
Wintergerst, Monika
Wirth, Beat
Wittfoht, Jens
Wittmann, Monika
Wochner, Susanne
Wolf, Anke
Wolf, Dieter- Ingo
Wolf, Wilfried
Wozniak, Sofia

Yamazaki, Eiko
Yegenuglu, Hüsnu

Zahn, Ulrich
Zeybekoglu, Ilhan
Zeyer, Franz
Zimmermann, Jürgen
Zimmermann, Philipp
Zimmermann, Thomas
Zöckler, Martin
Zürn, Joachim
Zypen, Wolf-Dieter van der

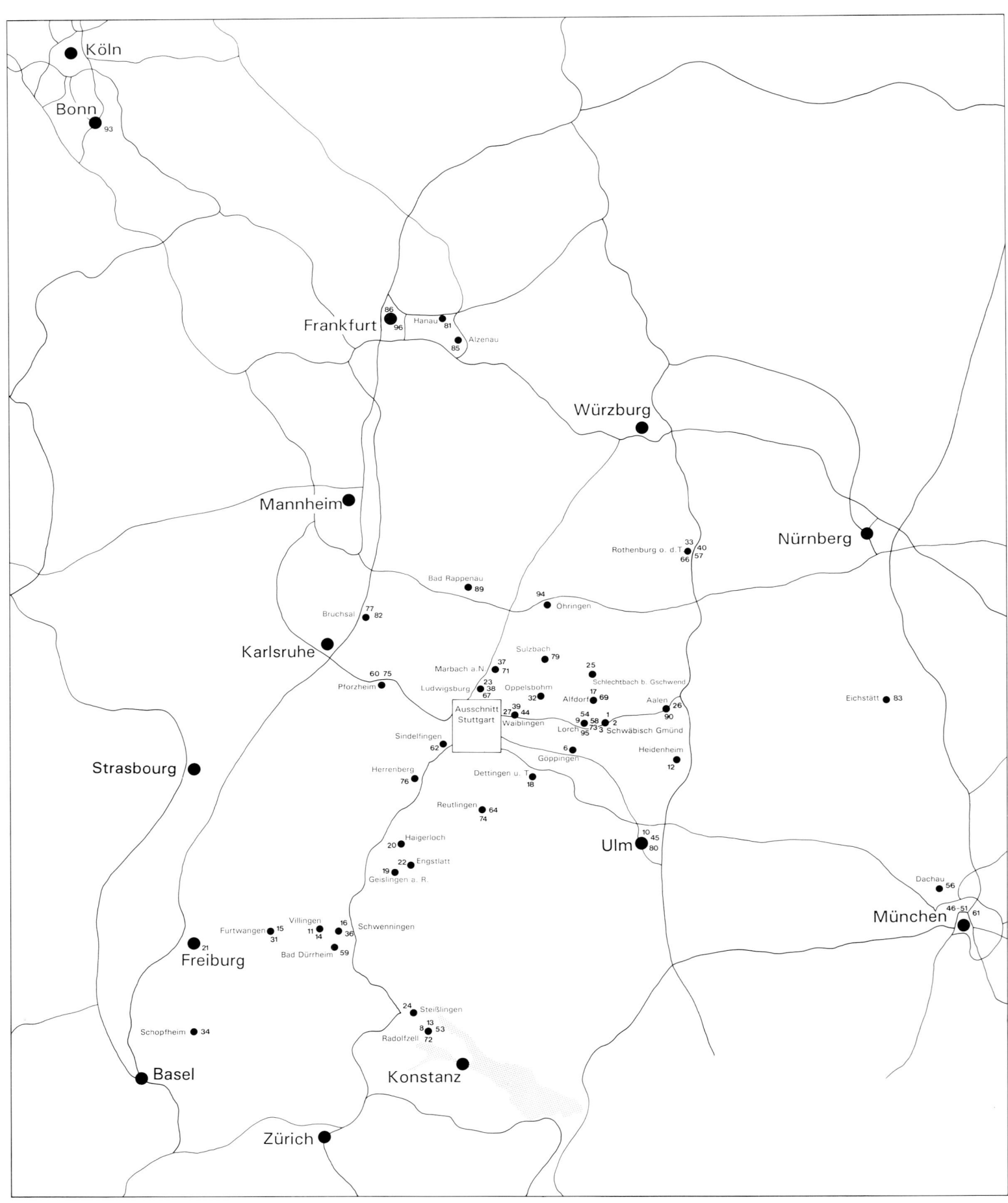

Köln

Bonn
● 93

Frankfurt ● 86
96 ● Hanau ● 81
Alzenau
● 85

Würzburg ●

Mannheim ●

Rothenburg o. d. T ● 33
66 40
57

Nürnberg ●

Bad Rappenau
● 89
94 ●
Öhringen

Bruchsal ● 77
82

Karlsruhe ●

Sulzbach
● 79
Marbach a.N. ● 37
71
25 ●
Schlechtbach b. Gschwend
60 75
Pforzheim ● 23
Ludwigsburg 38
67
Oppelsbohm
32 ●
17
Alfdorf 69 ●
Aalen
54 ● 1 90 26
Ausschnitt
Stuttgart 39
27 44 9 58 2
Waiblingen Lorch 73 3 Schwäbisch Gmünd
95

Eichstätt ● 83

Sindelfingen ●
62
6 ●
Göppingen
Heidenheim
● 12

Strasbourg ●

Herrenberg ●
76
Dettingen u. T
● 18

Reutlingen ● 64
74

Ulm ● 10 45
80

Haigerloch
20 ●

Engstlatt
22 ●
19 ●
Geislingen a. R.

Dachau
● 56

München ● 46–51
61

Furtwangen ● 15 Villingen ● 16
31 11 14 ● 36 Schwenningen
Bad Dürrheim ● 59

Freiburg ● 21

Schopfheim ● 34

24 ● Steißlingen
13
8 ● 53
Radolfzell
72

Basel ●

Konstanz ●

Zürich ●

Verzeichnis der Bauten und Projekte

Das Verzeichnis ist nach dem Jahr der Fertigstellung chronologisch geordnet.

Einige Bauten wurden mit verschiedenen Partnern realisiert; die Partner sind jeweils mit angeführt. Projektleiter waren bei 32 Arndt Friedemann; 39, 40 Lothar Fahrig; 39, 40, 54 Hannes Hübner; 46–52 Jörg Bauer, Hans Beier, Gerd Eicher, Horst Friedrichs, Godfrid Haberer, Christian Kandzia, Karla Kowalski, Frohmut Kurz, Konrad Müller, Hermann Peltz, Berthold Rosewich, Adolf Schindhelm, Horst Stockburger; 54, 58, 60 Hermann Peltz; 58, 71 Peter Kaltschmidt; 62 Ulrich Kohlleppel; 63, 69, 73, 83, 86 Christian Kandzia; 43, 64 Dieter Herrmann und Klaus-Dieter Keck; 65 Cornelia Henne; 67 Klaus-Dieter Keck; 68 Claudia Häfele; 68, 75 Dr. Ing. Hartmut Niederwöhrmeier; 76, 81, 85 Andreas Theilig; 77 Manfred Poppe, Dieter Herrmann; 78, 93 Gerald Staib; 79 Wolfgang Vögele-Knauer; 80 Joachim Renner; 81, 85 Uwe Schindler; 83 Joachim Zürn; 84 Arnold Ehrhardt, Frank Stepper; 85 Herbert Jötten und Ulrich Liebert; 86 Gotthard Geiselmann, Felix Heßmert, Peter Schürmann; 87 Sibylle Käppel-Klieber; 88 Ulrich Mangold, Matthias Tusker; 89 Wolfgang Hinkfoth; 90, 95 Franz Harder; 91 Wolfgang Ott; 92 Franz Stinner; 93 Hubert Eilers, Eberhardt Pritzer, Alexander von Salmuth, Ernst-Ulrich Tillmanns, Matthias Burkart, Ulrich Liebert; 94 Dagmar Schork; 96 Birgit Scheid.

Nebenstehende Karte zeigt die Standorte der Projekte in Deutschland, die Detailkarte für den Stuttgarter Raum steht nach dem Verzeichnis auf Seite 180.

1
Schiller-Realschule
Rektor-Klaus-Straße 50
Schwäbisch Gmünd
mit Bruno Lambart

2
Hans-Baldung-Gymnasium
Mörikestraße 5
Schwäbisch Gmünd
mit Bruno Lambart

4
Heilig-Kreuz-Kirche
In den Ringelgärten 65
Stuttgart-Sommerrain
mit Bruno Lambart

3
Landratsamt Ostalbkreis
Haußmannstraße 29
Schwäbisch Gmünd
mit Bruno Lambart

5
Grund- und Hauptschule
Edelweißweg 11
Stuttgart-Sommerrain
mit Bruno Lambart

6
Hohenstaufengymnasium
Hohenstaufenstraße 39
Göppingen
mit Bruno Lambart

7
Vogelsangschule
Paulusstraße 30
Stuttgart
mit Bruno Lambart

8
Berufsschule
Metzger-Waid-Ring 101
Radolfzell
1. Bauabschnitt
mit Lothar Seidel

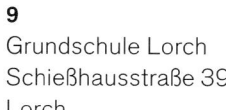

9
Grundschule Lorch
Schießhausstraße 39
Lorch

10
Fachhochschule Ulm
Prittwitzstraße 10
Ulm
Landschaft mit
Günther Grzimek

12
Max-Planck-Gymnasium
Virchowstraße 30–42
Heidenheim

11
Golden-Bühl-Schule
Offenburger Straße 32
VS-Villingen

13
Sonnenrainschule
Schlieserstraße 31
Radolfzell
mit Lothar Seidel

14
Haslachschule
Görlitzer Straße 4
VS-Villingen
mit Lothar Seidel

15
Otto-Hahn-Gymnasium
Oberer Bühl
Furtwangen
mit Lothar Seidel

16
Gymnasium am
Deutenberg
Staufenstraße 65
VS-Schwenningen
mit Lothar Seidel

17
Grund- und Hauptschule
Obere Schloßstraße 70
Alfdorf

18
Teckschule
Rauberweg 6
Dettingen u. T.

19
Grund- und Hauptschule
Großer Garten
Geislingen a. R.
mit Horst Bidlingmaier

20
Schulzentrum Haigerloch
Oberstadtstraße 64a
Haigerloch
mit Horst Bidlingmaier

22
Langwiesenschule
Auf der Halde 21
Balingen-Engstlatt
mit Horst Bidlingmaier

21
Droste-Hülshoff-Gymnasium
Brucknerstraße 2
Freiburg i. Br.
mit Fritz Auer

23
Friedrich-von-Keller-Schule
Schwarzwaldstraße 2
Ludwigsburg-Neckarweihingen

24
Erweiterung Grund- und Hauptschule
und Turnhalle
Kirchstraße 14
Steißlingen
mit Lothar Seidel

25
Ferienhaus Fink
Schlechtbach bei Gschwend

26
Fachhochschule Aalen
Beethovenstraße 1
Aalen
Landschaft mit
Günther Grzimek

27
Saliergymnasium
Im Sämann 32
Waiblingen

28
Wohnhaus Behnisch
Oberer Haldenweg 13
Ostfildern-Kemnat

29
Pavillon im Gelände
der Bundesgartenschau
Dortmund
zerstört

30
Tierseuchenkasse
Baden-Württemberg
Kronprinzstraße 22
Stuttgart

31
Anne-Frank-Schule
Ilbenstraße 14—18
Furtwangen
mit Lothar Seidel

32
Nachbarschaftsschule und
Sporthalle in den Berglen
Stockwiesen
Berglen-Oppelsbohm

33
Oskar-von-Miller-Realschule
Ackerweg 3
Rothenburg ob der Tauber

34
Theodor-Heuss-Gymnasium
und Turnhalle
Schlierbachstraße 13
Schopfheim
mit Lothar Seidel

35
Wohnhaus Gackstatter und Seth
Weilimdorfer Straße 138
Stuttgart-Feuerbach

36
Sporthalle 1
Staufenstraße 65
VS-Schwenningen

38
Gottlieb-Daimler-Realschule
Kaiserstraße 10
Ludwigsburg

37
Friedrich-Schiller-Gymnasium
Schulstraße 34
Marbach am Neckar

40
Sporthalle
Ackerweg 3
Rothenburg ob der Tauber

39
Salierturnhalle
Im Säman 32
Waiblingen

41
Bürogebäude
Mendelssohnstraße 22
Stuttgart-Sillenbuch

42
Wohngebäude
Treitschkestraße 4—6
Stuttgart-Sillenbuch

43
Heim der Hymnus-Chorknaben
Birkenwaldstraße 98
Stuttgart

44
Erweiterung des
Schulzentrums rechts der Rems
Im Sämann 32
Waiblingen

46
Städtebauliche Planung
Olympiapark
München
Landschaftsarchitektur mit
Günther Grzimek
Überdachung der Hauptsportstätten
mit Frei Otto, Leonhardt + Andrä
Leitender Ingenieur Jörg Schlaich

45
Ladenzentrum und Bibliothek
Haslacher Weg 51—95
Ulm-Böfingen

47
Landschaftsplanung
Olympiapark
Spiridon-Louis-Ring
München

49
Olympiahalle
Spiridon-Louis-Ring
München

48
Olympiastadion
Spiridon-Louis-Ring
München

51
Aufwärmhalle
Spiridon-Louis-Ring
München

50
Schwimmhalle
Coubertinplatz
München

52
Temporäre Bauten
Olympiapark
München
zerstört

53
Gymnasium und Sporthalle
Markelfingerstraße 15
Radolfzell
mit Lothar Seidel

55
Wohnhaus Auer
Schemppstraße 59
Stuttgart-Riedenberg

54
Progymnasium und Realschule
auf dem Schäfersfeld
Lorch

57
Schul- und Sportzentrum
Hauptschule und Sporthalle
Dinkelsbühler Straße 1 + 3
Rothenburg ob der Tauber

56
Josef-Effner-Gymnasium
Erich-Ollenhauer-Straße 12
Dachau

59
Realschule am Salinensee
Bad Dürrheim
mit Lothar Seidel

58
Sporthalle auf dem Schäfersfeld
Lorch

61
Verwaltungsgebäude
Spiridon-Louis-Ring 21
München

60
Fritz-Erler-Schule
Westliche-Karl-Friedrich-Straße 215
Pforzheim

63
Evangelischer Kindergarten
Pelikanstraße 26
Stuttgart-Neugereut

62
Sporthalle ›Glaspalast‹
Rudolf-Harbig-Straße 10
Sindelfingen

65
U-Bahn Station
Schloßplatz
Stuttgart
In Zusammenarbeit
mit dem Tiefbauamt
der Stadt Stuttgart

64
Alten- und Pflegeheim Ringelbach
Ringelbachstraße 57—59
Reutlingen

67
Sporthalle
Schwarzwaldstraße 2
Ludwigsburg-Neckarweihingen

66
Reichsstadtgymnasium
Dinkelsbühler Straße 5
Rothenburg ob der Tauber

68
Neugestaltung des Schloßplatzes
Neugestaltung der Planie zwischen Königstraße,
Charlottenplatz und Karlsplatz
Fußgängerbereich Untere und
Obere Königstraße, Marienstraße
und Kleine Königstraße
Stuttgart
In Zusammenarbeit mit
Hans Luz + Partner und dem Tiefbauamt
der Stadt Stuttgart

69
Erweiterung der Grund- und Hauptschule
Obere Schloßstraße 70
Alfdorf

70
Ausbildungs- und Studienzentrum
der Evangelischen Landeskirche
von Württemberg, Haus Birkach
Grüninger Straße 25
Stuttgart-Birkach
Außenanlagen mit
Hans Luz + Partner

72
Realschule
Markelfinger Straße 17
Radolfzell
mit Lothar Seidel,
Albrecht, Bohlander

71
Erweiterung des
Friedrich-Schiller-Gymnasiums
Schulstraße 34
Marbach am Neckar

74
Carl-Diem-Sporthalle
Carl-Diem-Straße 112
Reutlingen

73
Hauptschule auf dem Schäfersfeld
Lorch

75
Altenpflegeheim
August-Kayser-Stiftung
August-Kayser-Straße 23
Pforzheim

76
Kreisberufsschule
Längenholz 8
Herrenberg
Außenanlagen mit
Hans Luz + Partner

77
Gewerbliches Bildungszentrum
Balthasar-Neumann-Schulen
Franz-Sigel-Straße 59 a
Bruchsal

78
Diakonisches Werk der Evangelischen Landeskirche
in Württemberg e. V.
Herbert-Keller-Haus
Heilbronner Straße 180
Stuttgart
Außenanlagen mit
Hans Luz + Partner

80
Erweiterung der
Fachhochschule Ulm
Prittwitzstraße 10
Ulm

79
Sporthalle
Jahnstraße 13
Sulzbach an der Murr

81
Aufstockung eines Analysengebäudes
der Leybold AG
Wilhelm-Rohn-Straße 25
Hanau

82
Sporthalle
Franz-Sigel-Straße 59a
Bruchsal

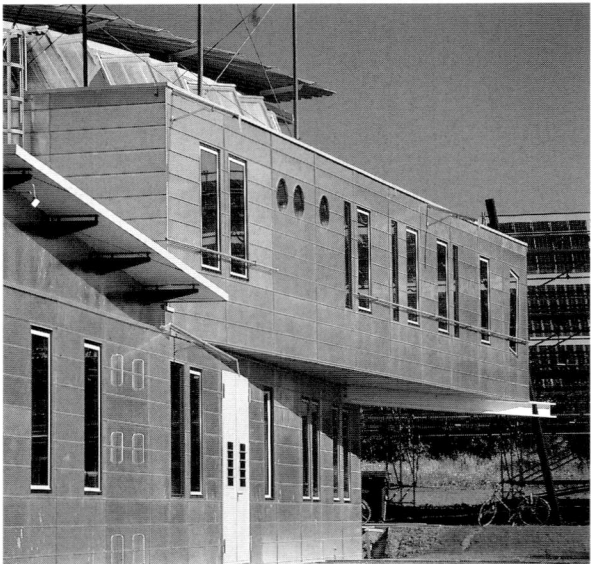

83
Zentralbibliothek
der Katholischen Universität
Universitätsallee 1
Eichstätt

84
Hysolar
Forschungs- und Institutsgebäude
der Universität Stuttgart
Allmandring 19
Stuttgart-Vaihingen

85
Leybold AG
Werk Alzenau
Siemensstraße 100
Alzenau/Unterfranken

86
Das Deutsche Postmuseum
Schaumainkai 53
Frankfurt am Main

87
Kindergarten
Lotharstraße 24
Stuttgart-Luginsland

88
Bahnhofsvorplatz
mit Bus- und U-Bahnhaltestelle
Stuttgart-Feuerbach

90
Erweiterung der Gießerei,
Roboter- und Sensortechnik
Fachhochschule Aalen
Beethovenstraße 1
Aalen

89
Albert-Schweitzer-Schule
Wagnerstraße 5
Bad Rappenau

91
Wohnhaus Matthiessen
Silberwaldstraße 48
Stuttgart-Sillenbuch
im Bau

92
Umbau und Sanierung
des Gemeindehauses
Gorch-Fock-Straße 30
Stuttgart-Sillenbuch
im Bau

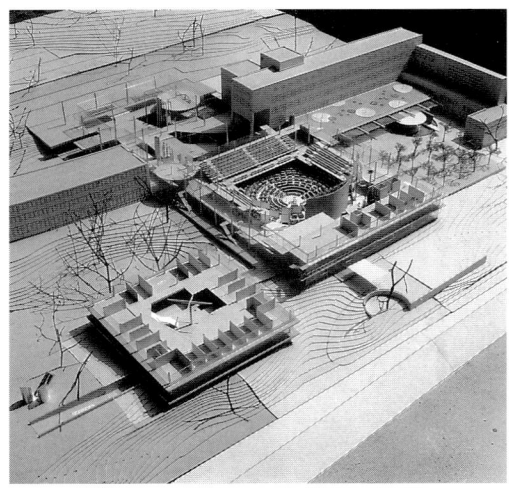

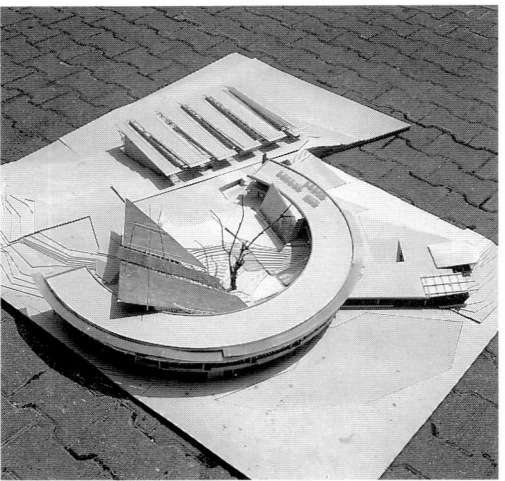

94
Kaufmännische Berufsschule
mit Wirtschaftsgymnasium
und Sporthalle
Austraße 21
Öhringen
im Bau

93
Plenarbereich des
Deutschen Bundestages
Görresstraße
Bonn
im Bau
Außenanlagen mit
Hans Luz + Partner

95
Erweiterung der Grundschule
Schießhausstraße 39
Lorch

96
Geschwister-Scholl-Schule
Hadrianstraße 18
Frankfurt a. M.-Römerstadt
im Bau

97
Zentrum für Solarenergie
und Wasserstofforschung
Nobelstraße 2
Stuttgart-Vaihingen
in Planung

98
Diakonisches Werk II
Presselstraße 29
Stuttgart
in Planung

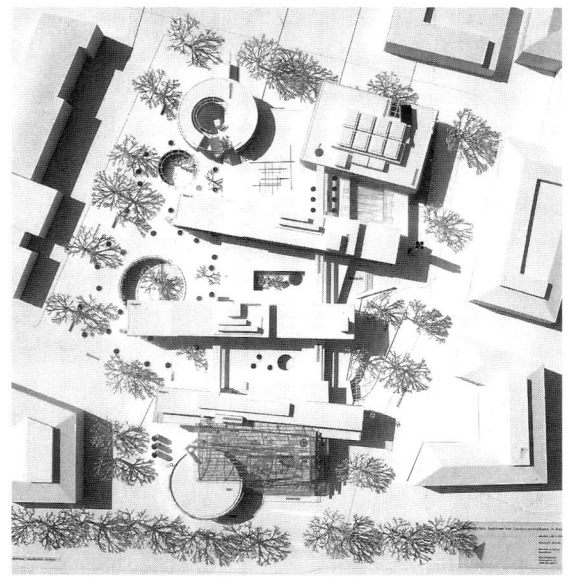

99
Erweiterung Deutsche Bundesbank
Frankfurt am Main
in Planung

100
Neubau Technisches Zentrum
der Landeszentralbank in Bayern
Leopoldstraße
München-Schwabing
in Planung

101
Schönrainbad
Im Bühlen
Reutlingen
in Planung

102
Landesgirokasse Stuttgart
Dienstleistungsgebäude Bollwerk
Fritz-Elsaß-Straße
Stuttgart
in Planung

103
Betriebsgebäude
Flugsicherungsstelle mit
Kontrollturm
Nürnberg
in Planung

104
Werkstätten
Olympiapark
Spiridon-Louis-Ring
München
in Planung

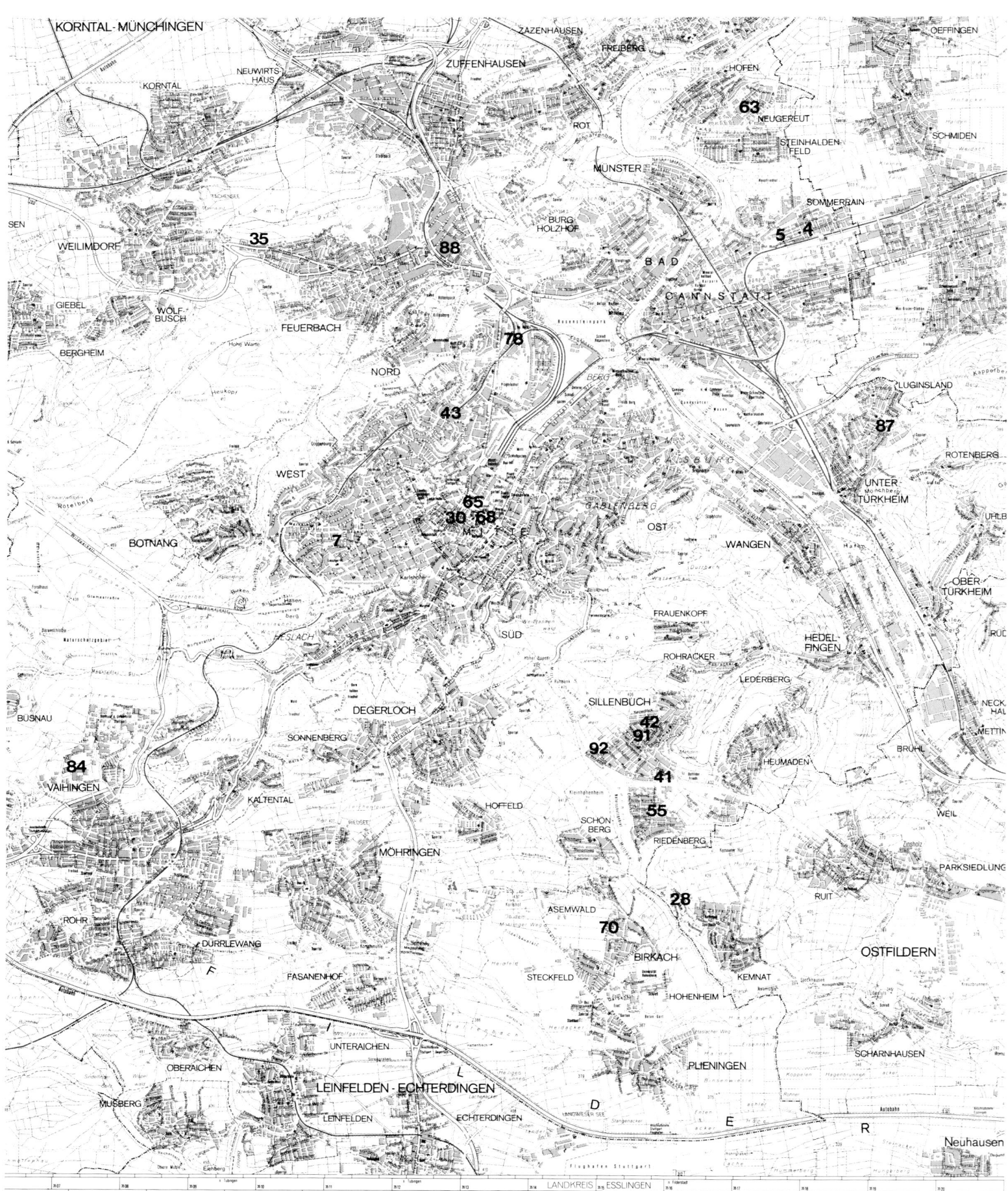

Verzeichnis der Preise und Auszeichnungen

Vogelsangschule Stuttgart, 1959
1967 Paul-Bonatz-Preis

Turnhalle auf der Korber Höhe Waiblingen, 1970
1986 Auszeichnung der Architektenkammer

Städtebauliche Planung Olympiapark München, 1972
Olympiapark, Stadion, Sporthalle, Schwimmhalle,
Aufwärmhalle, Temporäre Bauten
1972 I.C.P.-Award of Honour,
        Hugo-Häring-Preis
        Großer Architekturpreis des BDA
1977 Architekturpreis der Stadt München
1980 Internationaler Sportstätten-Architekturpreis der
        Internationalen Akademie für Bäder-, Sport- und
        Freizeitbauten
1981 Internationaler Architekturpreis der UIA
        Auguste-Perret-Preis

Progymnasium Lorch auf dem Schäfersfeld, 1973
1974 Hugo-Häring-Preis
1986 Auszeichnung der Architektenkammer

Josef-Effner-Gymnasium Dachau, 1974
1977 BDA-Preis Bayern

Schul- und Sportanlagen Rothenburg ob der Tauber,
1975
1979 BDA-Preis Bayern

Sporthalle Lorch auf dem Schäfersfeld, 1975
1976 Preis des Deutschen Stahlbaues
1986 Auszeichnung der Architektenkammer

Fritz-Erler-Schule Pforzheim, 1976
1977 Ausgezeichnet vom BDA Baden-Württemberg

Sporthalle Sindelfingen, 1976
1977 Ausgezeichnet vom BDA Baden-Württemberg
        Hugo-Häring-Preis
        Preis des Deutschen Stahlbaues, engere Wahl

Kindergarten Stuttgart-Neugereut, 1977
1977 Ausgezeichnet vom BDA Baden-Württemberg
1979 Holzbaupreis Baden-Württemberg
        Paul-Bonatz-Preis
1982 Deutscher Holzbaupreis, Anerkennung

Alten- und Pflegeheim Reutlingen, 1977
1977 Deutscher Architekturpreis
        Ausgezeichnet vom BDA Baden-Württemberg
1978 Hugo-Häring-Preis
1984 Auszeichnung der Architektenkammer

U-Bahn-Station Schloßplatz Stuttgart, 1978
1980 Ausgezeichnet vom BDA Baden-Württemberg
1981 Hugo-Häring-Preis

Erweiterung der Schule Alfdorf, 1980
1980 Ausgezeichnet vom BDA Baden-Württemberg

Ausbildungs- und Studienzentrum der Evangelischen
Landeskirche von Württemberg Stuttgart-Birkach,
1980
1980 6. Internationaler Architekturpreis
        Ausgezeichnet vom BDA Baden-Württemberg
1981 Deutscher Architekturpreis, Anerkennung
1983 Paul-Bonatz-Preis

Hauptschule auf dem Schäfersfeld Lorch, 1982
1983 Architekturpreis Beton
        Ausgezeichnet vom BDA Baden-Württemberg
1984 Hugo-Häring-Preis
1986 Auszeichnung der Architektenkammer
        Preis des Deutschen Stahlbaues, engere Wahl

Sporthalle Reutlingen, 1982
1983 Ausgezeichnet vom BDA Baden-Württemberg
1984 Auszeichnung der Architektenkammer
        Preis des Deutschen Stahlbaues, engere Wahl

Altenpflegeheim Pforzheim, 1982
1983 Ausgezeichnet vom BDA Baden-Württemberg

Haus- und landwirtschaftliche Berufsschule
Herrenberg, 1983
1983 Ausgezeichnet vom BDA Baden-Württemberg
1984 Preis des Deutschen Stahlbaues, engere Wahl
        (Sporthalle)

Gewerbliches Bildungszentrum Bruchsal, 1983
1983 Ausgezeichnet vom BDA Baden-Württemberg
        (Lehrgebäude und Werkstätten)
1987 Ausgezeichnet vom BDA Baden-Württemberg
        (Sporthalle)

Landesgeschäftsstelle des Diakonischen Werkes der
Evangelischen Landeskirche von Württemberg in
Stuttgart, 1984
1983 Ausgezeichnet vom BDA Baden-Württemberg
1984 Mies-van-der-Rohe-Preis, Anerkennung
        Hugo-Häring-Preis
1985 Deutscher Architekturpreis, Auszeichnung
1987 Architekturpreis Beton
        Architekturpreis Interarch Sofia

Sporthalle Sulzbach, 1984
1986 Mies-van-der-Rohe-Preis
        Auszeichnung der Architektenkammer
1987 IAKS Award, Bronze
        Ausgezeichnet vom BDA Baden-Württemberg

Erweiterung der Fachhochschule Ulm, 1986
1986 Belobigung der Architektenkammer

Bibliothek der Katholischen Universität Eichstätt, 1987
1987 BDA-Preis Bayern
        Deutscher Architekturpreis, Auszeichnung

Hysolar-Institutsgebäude der Universität Stuttgart, 1987

1987 Ausgezeichnet vom BDA Baden-Württemberg
1988 Mies-van-der-Rohe-Preis, Anerkennung
      8. Internationaler Architekturpreis
      Hugo-Häring-Preis

Leybold AG, Werk Alzenau, 1987

1987 BDA-Preis Bayern
1988 Auszeichnung Office-Design (Bürotisch)
1989 Deutscher Architekturpreis
      Architekturpreis Beton
      Goldplakette »Industrie, Handel und Handwerk im
      Städtebau«

Deutsches Postmuseum Frankfurt am Main, 1990

1990 R. S. Reynolds Memorial Award
1991 Architekturpreis Beton
      Deutscher Architekturpreis, Anerkennung

Kindergarten Stuttgart-Luginsland, 1990

1990 Auszeichnung guter Bauten BDA
1991 Hugo-Häring-Preis
      Holzbau-Preis Baden-Württemberg
1992 Deutscher Holzbaupreis, Anerkennung

Bus- und U-Bahnhaltestelle Stuttgart-Feuerbach, 1991

1990 Preis des Deutschen Stahlbaus, engere Wahl

Biographie

Günter Behnisch *12. 6. 1922 in Dresden,
verheiratet mit Johanna Behnisch geb. Fink, 3 Kinder

1947–1951
Studium an der TH Stuttgart – Dipl.-Ing.

1951–1952
Tätigkeit bei Rolf Gutbrod

ab 1952
eigenes Büro

ab 1966
Behnisch & Partner, Partnerschaft mit Fritz Auer,
Winfried Büxel, Erhard Tränkner, Karlheinz Weber,
Manfred Sabatke (ab 1970)

ab 1979
Behnisch & Partner
Behnisch, Büxel, Sabatke, Tränkner

1967
o. Prof. für Entwerfen, Industriebau und Baugestaltung
Direktor des Instituts für Baunormung an der
TH Darmstadt

1982
Mitglied der Akademie der Künste in Berlin

1984
Dr. E. h. der Universität Stuttgart

1987
emeritiert

1990
Mitglied der International Academy of Architecture,
Sofia

1992
Ehrenmitglied der Royal Incorporation of Architects in
Scotland, Edinburgh

1992
Ehrenmitglied Bund Deutscher Architekten (BDA)

Photonachweis

Die Nummern folgen dem Verzeichnis der Bauten und Projekte, beziehungsweise verweisen auf die entsprechenden Seiten des Katalogs.

Arbeitsgemeinschaft Holz e. V., Düsseldorf   29

Brenner, Schwäbisch Gmünd   1, 4, 5

Roland di Centa, Stuttgart   8

Döbbelin, Schwäbisch Gmünd   2

Fritz Dressler, Worpswede   51

Ansichtskartenverlag W. Feldmann, Sindelfingen   17

Foto-Gräber, Marbach   37

Foto-Gut, Schopfheim   34

Doris Jascht-Mader, Stuttgart   26, 33

Christian Kandzia, Stuttgart   3, 8, 18, 26, 33 – 35, 39, 40, 42 – 45, 47 – 50, 52, 54, 56 – 60, 62 – 98, 100 – 104
und Seite 10, 12, 14 – 18, 20, 22, 23, 24, 26 – 30, 32, 33, 35 – 38, 40 – 46, 54 – 57, 70, 73 – 82, 85, 86, 87, 88, 89, 91, 92, 93, 100, 101, 102, 111

Bruno Krupp, Freiburg   21

Dieter Leistner, Mainz   Seite 85, 92, 100, 101

Luftbild Max Prugger, München   46

Lür Meyer, Stuttgart   99

Sigrid Neubert, München   48

Christian Peter, München   61

Photo-Liedl, Radolfzell   53

Gottfried Planck, Stuttgart   7, 8, 9, 10, 14, 15, 16, 19, 20, 22, 23, 26, 27, 30, 32, 38, 41, 43, 45
und Seite 39, 60, 64 – 69, 94, 98, 99, 103

Tim Rautert, Visum Archiv, Archiv der Fotografen Seite 92

Winfried Reinhold, Stuttgart   3, 6, 10

Karsten de Riese, Ebenhausen-Isartal   49

Ute Schmidt-Contag, Stuttgart   65

Landeshauptstadt Stuttgart Stadtmessungsamt   Seite 180

Lothar Seidel, Radolfzell   11, 13

Andreas Uebele, Stuttgart   28

Impressum

Herausgeber
Johann-Karl Schmidt
Ursula Zeller
Galerie der Stadt Stuttgart
Schloßplatz 2
7000 Stuttgart 1
Tel.: 2 16-21 88
Fax: 2 16-78 20

Konzept von Ausstellung und Katalog
Giselher Hartung
Johann-Karl Schmidt
Ursula Zeller

Beratung
Christian Kandzia

Ausstellung
Andreas Uebele
Peter Jertschewske
Katja Butzke
Philip Kurz
Elke Szczesny
Markus Myndl
Claus Mihm

Katalogredaktion
Ursula Zeller

Fundraising
Jutta A. Kraft
Agentur für Kulturförderung, Frankfurt a. M.

Ausstellungssekretariat
Susanne Braschoss
Sabine Kirsammer

Technik
Manfred Flohr
Jürgen Hermann

Kataloggestaltung
Signe Brunner

Lektorat
Ute Barba
Petra von Olschowski

Gesamtherstellung
Dr. Cantz'sche Druckerei, Ostfildern-Ruit

© 1992
Behnisch & Partner
Galerie der Stadt Stuttgart
Verlag Gerd Hatje
und die Autoren

Buchhandelsausgabe
Verlag Gerd Hatje, Stuttgart
ISBN 3-7757-0371-3